Cristine Keidel

Frederike spinnt

Eine Kaninchengeschichte XL

Bibliografische Information der Deutschen Nationalbibliothek:
Die Deutsche Nationalbibliothek verzeichnet diese Publikation
in der Deutschen Nationalbibliografie; detaillierte bibliografische Daten sind im Internet über http://dnb.d-nb.de abrufbar.

KAPITEL 1

Wuuutsch-krrr macht der Scheibenwischer und holt Frederike wieder in die Gegenwart zurück. Der Regen hat aufgehört, die Wolken sind aufgerissen und nun wagt sich der erste Sonnenstrahl hindurch. Die Scheibenwischer kann Frederike jetzt abschalten.

Sie befindet sich gerade auf der Autobahn A3 im Nirgendwo zwischen Münster und Hamburg. Frederike lächelt. Sie freut sich über ihre Mission. Es war nicht leicht, diesen Tag zu organisieren: Anna, ihre zehnjährige Tochter, ist gerade in der Schule und fährt anschließend mit dem Bus zu ihrer Freundin Annika. Dort kann sie den ganzen Nachmittag verbringen, bis Frederike sie abholt. Bei Lukas war es einfacher, ihn hat sie heute schon um 8.00 Uhr im Kindergarten abgegeben. Dort ist er sicher aufgehoben, muss aber bis spätestens 17.00 Uhr abgeholt werden. Anschließend fuhr Frederike nach Hause, hat geduscht und sich angezogen, ihre Tasche und den Transportkorb geschnappt und ist losgefahren.

Laut Navi sind es ziemlich genau 300 Kilometer bis Delmenhorst. Das müsste zu schaffen sein: 300 Kilometer hinfahren, die Züchterin treffen, zwei Tiere aussuchen und wieder 300 Kilometer zurückfahren, direkt zum Kindergarten – Lukas abholen und dann Anna. *Mal ein etwas anderer Tag als sonst*, denkt Frederike und grinst in sich hinein.

***

Es war ein langer Tag gewesen, Tobias kam erst spät von der Arbeit nach Hause. Er fand seine Kinder bereits im Schlafanzug vor – sie hatten extra mit dem Abendessen auf ihn gewartet. Es gab frischen Salat, aufgebackene Brötchen und verschiedene Aufstriche, dazu Tee.

»Papa, weißt du was?« Der typische Gesprächsanfang von Lukas.

»Wasser ist nass«, antwortet Tobias prompt.

»Nein, Papa«, meinte Lukas genervt, »Annika bekommt einen Hund!«

»Wer ist Annika?«

»Meine Freundin«, schaltete sich Anna in das Gespräch ein, »bei der ich heute war. Sie hat mir erzählt, dass sie einen Hund bekommt. Ich will auch einen!«

»Ich auch, ich auch!« Lukas hielt es nicht mehr auf dem Stuhl aus, sondern tanzte durch die Küche. »Einen Hund, einen Hund!«

Frederike und Tobias hatten ihre liebe Not, ihre Kinder wieder zu beruhigen. Erst nach einer Stunde lagen sie schlafend in ihren Betten.

Die erschöpften Eltern gingen ins Wohnzimmer, um sich etwas auf der Couch zu erholen.

»Oje, irgendwann musste das ja kommen«, sagte Tobias. »Jetzt ist es so weit, unsere Kinder wollen einen Hund.«

»Alle Kinder wollen irgendwann ein Haustier. Eigentlich finde ich die Idee auch gut. Da haben sie etwas Gemeinsames und lernen Verantwortung zu übernehmen.«

»Stimmt, das klingt in der Theorie wirklich gut, aber bedenke, dass in der Praxis die meiste Arbeit doch an dir hängen bleiben wird.«

»Hm, da kommt ein Hund wirklich nicht infrage. Ich habe mit den Kindern, dem Haus und dem Garten wirklich schon genug zu tun. Da kann ich nicht noch dreimal täglich Gassi gehen und einen Hund erziehen. Das dauert, bis der stubenrein ist. Und der ganze Dreck im Haus – Hunde bringen viel Dreck mit rein und haaren kräftig.«

»Ja, und die ganzen Kosten: Anschaffung, Ausstattung, Hundeschule und Hundesteuer! Und was ist, wenn wir in den Urlaub fahren wollen? Wo soll der Hund dann hin? Der kann ja schließlich nicht immer mit! Da wäre eine Katze viel unproblematischer.«

»Ja, aber meine Katzenhaarallergie …« Allein bei dem Gedanken an Katzen begann Frederikes Nase zu jucken. »Wie wäre es denn mit Kaninchen?«

»Kaninchen?«

»Ja, Kaninchen. Als ich ein Kind war, hatten unsere Nachbarn welche. Die waren draußen im Stall, da blieb das Haus sauber. Die wurden zweimal täglich gefüttert und einmal pro Woche wurde der Stall ausgemistet. Das sollte ich mithilfe der Kinder schaffen.«

»Klingt nach einer vernünftigen Lösung. Aber wie willst du die beiden überzeugen? Die scheinen sich sehr auf einen Hund versteift zu haben.«

»Ach«, lachte Frederike, »lass mich nur machen …«

Am nächsten Sonntag saß die ganze Familie am Frühstückstisch. Tobias hatte zusammen mit Lukas frische Brötchen und Croissants vom Bäcker geholt, während Anna und ihre Mutter den Tisch deckten.

»Papa, gehen wir heute schwimmen?«, fragte Lukas, wie jeden Sonntag.

»Oh ja, schwimmen!«, freute sich Anna.

Doch Frederike schüttelte den Kopf. »Nein, heute mal nicht. Ich habe eine viel bessere Idee.«

Erwartungsvoll sahen die Kinder sie an. Auch Tobias war ganz überrascht.

»Heute gehen wir endlich mal in dieses Geschichtsmuseum – wie heißt das noch mal? – direkt neben der Kaninchenausstellung.«

»Ich will nicht ins Museum«, heulte Lukas.

»Kaninchenausstellung? Was denn für eine Kaninchenausstellung?« fragte Anna. »Ich will in die Kaninchenausstellung!«

Lukas horchte auf. »Kaninchenausstellung? Da will ich auch hin!«

Tobias schaute Frederike fragend an.

»Okay«, sagte Frederike und konnte sich das Grinsen kaum verkneifen, »dann gehen wir in die Kaninchenausstellung. Aber erst werden der Tisch abgeräumt und die Zähne geputzt.«

Eine Stunde später saß die Familie dann im Auto und war auf dem Weg in den Nachbarort. Sie parkten vor der evangelischen Kirche, denn die Ausstellung fand im Pfarrheim statt. Über dem Eingang hing ein Banner, auf dem der örtliche Kaninchenzüchterverein Besucher und Mitglieder begrüßte.

Innen drin war das Pfarrheim kaum wiederzuerkennen. Im Foyer standen viele Menschen, überwiegend ältere Männer in blaugrauen Kitteln und groben Schuhen, aber auch ältere Frauen in Pullover und Hose. Die meisten hatten ein Glas in der Hand und unterhielten sich angeregt. Ein jüngerer Mann fuhr mit einer Schubkarre, auf der ein Strohballen lag, durchs Gedränge und verschwand am hinteren Ende des Foyers in den eigentlichen Gemeindesaal.

Tobias kaufte die Eintrittskarten und sie folgten dem Mann mit der Schubkarre.

Aus dem Gemeindesaal war sämtliche Bestuhlung entfernt und durch drei Reihen Kaninchenställe ersetzt worden. Sie standen Rücken an Rücken, sodass von beiden Seiten Kaninchen zu sehen waren. Es waren Hunderte, wenn nicht sogar über tausend Kaninchen in dem Raum. Manche wurden einzeln ausgestellt, andere in kleinen Gruppen oder auch ganze Würfe, zum Teil mit dem Muttertier zusammen.

Anna und Lukas staunten mit offenen Mündern, aber auch ihre Eltern waren fasziniert. So etwas hatten sie noch nie gesehen. Langsam schritten sie die erste Reihe ab. Dort saßen die größten Kaninchen, die sie je gesehen hatten. *Deutsche Riesen* stand auf dem Schild davor. Für diese acht oder neun Kilo schweren Kaninchen ein berechtigter Name. Allein die Ohren waren locker 20 Zentimeter lang.

»Watt staunen Se denn so? Ham'se noch nie Schlachtkaninchen gesehen?«

Als sie sich erschrocken umdrehten, stand der offensichtliche Besitzer der *Riesen* vor ihnen: ein älterer Mann mit wettergegerbten Gesicht und erloschenem Zigarrenstummel im Mund, die Füße in Holzschuhen.

Schnell gingen sie weiter zum nächsten Stall: *Blaue Wiener.*

»Mama«, meinte Anna, »warum blau? Die sind doch gar nicht blau, sondern grau.«

Der Züchter dieser Gruppe sagte: »Diese Farbe heißt bei Züchtern *Blau,* ist aber eigentlich ein verdünntes Schwarz. Grau gibt es in der Zucht gar nicht. Wenn dir ein Tier grau erscheint, hat es entweder schwarze und weiße Haare gemischt, oder es ist blau. Das hängt mit den Farbpigmenten zusammen.«

»Aha«, antwortete die Familie im Chor und verstand nur Bahnhof. Aber die *Blauen Wiener* gefielen ihnen sehr gut. Sie waren fast so groß wie die *Riesen,* hatten aber rundere Köpfe, kürzere Ohren und ein samtigeres Fell.

Sie gingen weiter, vorbei an *Rexkaninchen,* die hatten ein Fell wie der Persianermantel von Oma, einer Gruppe von *Dalmatinerkaninchen,* die waren weiß und hatten schwarze Punkte, genau wie die gleichnamige Hunderasse.

Doch was war das? Die Familie blieb abrupt stehen und traute ihren Augen nicht: Am hinteren Ende des Raumes war ein Gehege aus Zaunelementen aufgebaut, wie man es sonst auf den Rasen stellte, damit die Kaninchen Auslauf hatten und frisches Gras fressen konnten. Darin sprangen vier weiße Tiere herum. Waren das überhaupt Kaninchen? Oder weiße Hunde? Das Fell war so lang, dass man kaum Konturen erkennen konnte. Die Körper waren walzenförmig und vom Kopf standen Ohren wie

Antennen ab. Sie hatten große Ähnlichkeit mit dem *West Highland White Terrier* aus der Hundefutterwerbung.

»Papa, was ist das denn?«, fragte Lukas und ohne eine Antwort abzuwarten rief er:»So ein Tier will ich auch!«

»Das ist ein …« Tobias sah sich suchend um. Endlich erblickte er das Schild am Gehege:»Das sind Angorakaninchen.«

Die vier Angoras nahmen die Aufmerksamkeit, die ihnen gerade zukam, gelassen hin und mümmelten eifrig an ihrem Heu. Lukas hatte eine Möhre gefunden. Er kniete sich an den Zaun und steckt die Möhre durch die Stäbe. Eins der Kaninchen hob den Kopf und schaute zu ihm herüber. Dann hoppelt es gemächlich an den Zaun und knabbert genüsslich an der Karotte. Selbst als Lukas vor Freude jauchzte, lief es nicht davon. Es sah aus wie ein überdimensionales Kuscheltier.

Frederike war beeindruckt von der Coolness der Hasen. Angoras schienen ideal für Kinder zu sein, nicht so schreckhaft wie die Zwerge, die sie aus der Tierhandlung kannte. Allerdings waren sie sehr groß, zum Herumtragen nicht geeignet.

Sie schaute sich die Infotafel näher an. »Oh, was sind das denn für Bilder?« Erschrocken hielt sie die Hand vor den Mund.

Ein Foto zeigte einen Mann, wie er auf einem Stuhl saß und den Kopf eines Angorakaninchens zwischen seinen Knien festgeklemmt hatte. Mit der linken Hand hielt er das Kaninchen am Hinterleib fest, in der rechten Hand hielt er so etwas wie einen Rasierapparat. Zu seinen Füßen lag ein Berg weißer Wolle.

Auf dem nächsten Foto waren zwei Angoras zu sehen; das linke sah aus wie die vier, die sie im Gehege gesehen hatten, das rechte war nackt – fast zumindest, es hatte nur noch Flaum am

Körper. Es war kaum zu glauben, dass beide derselben Rasse entstammten. Der Text neben den Fotos verriet, dass Angorakaninchen als Nutztiere kommerziell gehalten wurden und pro Tier bis zu zwei Kilo Wolle im Jahr lieferten. Sie mussten alle 90 Tage geschoren werden, denn ihre Haare wuchsen mehrere Millimeter pro Tag.

Krass!, dachte Frederike, *das ist nichts für mich. So zarte Tiere scheren, und dabei so festklemmen ...*

Ein Mann trat auf sie zu. »Na, gefallen Ihnen meine Angoras? Schöne Tiere ...«

»Ja, sehr sogar«, antwortet Frederike wahrheitsgemäß, »aber die Haltung finde ich schon schwierig.«

»Warum denn?«

»Naja, dieser heftige Haarwuchs und dann das Scheren ... die zappeln doch bestimmt wie wild dabei.«

»Aber nein, die halten ganz still. Wissen Sie, die Zappeligen kommen in den Topf. So vermehren sich nur die, die stillhalten. Angoras haben nämlich nicht nur ein schönes Vlies, sie schmecken auch sehr gut.« Der Mann lachte und zeigte dabei seine schlechten Zähne.

Frederike straffte sich: »Wir suchen Kaninchen zum Liebhaben für die Kinder, essen wollen wir sie nicht!«

»Ach so ist das«, lachte der Mann. »Da kann ich von reinen Angoras nur abraten. Die sind zu aufwendig für Kinder. Aber wenn es etwas langhaariges Großes sein soll, dann versuchen sie es doch mit Satinangoras, die sind viel pflegeleichter!«

»Satinangoras? Wo finde ich die?«

»Die finden Sie hier ganz bestimmt nicht.« Der Mann lachte schon wieder. »Sie sind hier auf einer Ausstellung für Rassekaninchen vom Zuchtverband. Der erkennt die Santinangoras als Rasse nicht an, weil die nicht farbrein sind. Bei den Amerikanern sind sie aber als Rasse eingetragen und anerkannt. Googeln Sie mal durchs Internet, vielleicht finden Sie jemanden, der welche verkauft.« Dann drehte er sich um und wendete sich einem anderen Interessenten zu. Frederike und ihre Familie, die inzwischen dazugestoßen waren und den Dialog mitverfolgt hatten, staunten.

»Papa, ich will nach Hause«, quengelte Lukas.

Und weil alle müde von den vielen Eindrücken waren, machen sie sich auf den Heimweg.

Satinangoras, dachte Frederike, irgendwie ließ es sie nicht los, was ihr der Mann auf der Ausstellung erzählt hatte.

Bei der nächsten Gelegenheit – die Kinder sahen fern, Tobias arbeitete am Laptop – schnappte sie sich ihr Tablet und googelte das verheißungsvolle Wort. Zuerst schaut sie sich die Bilder an. *Wie süß!*, dachte sie, *die gibt es ja in ganz vielen verschiedenen Farben!* Sie sah rote, schwarze, weiße, aber auch Satinangoras die aussahen wie Siamkatzen! Nur gescheckte konnte sie nirgends finden. Ansonsten sahen sie den Angoras schon sehr ähnlich, waren aber nicht so extrem behaart. Vor allem Ohren und Beine schienen von den langen Haaren verschont zu bleiben, dafür hatten sie einen seidigen Glanz im Fell, wie Satin eben. Aber das Beste war, dass diese Kaninchen einen natürlichen Fellwechsel hatten und nicht geschoren werden mussten. *Toll,* dachte Frederike, *das ist es doch!* Begeistert klatschte sie in die Hände.

Die Suche nach Züchtern war dagegen wieder ernüchternd. Es gab welche in der Schweiz, in Hamburg, in München … aber in Köln? Da war Satinangora-Niemandsland. Und keiner hatte gerade Jungtiere. Ausgerechnet bei *Quoka.de* hatte sie Glück. Eine Züchterin aus Delmenhorst hatte noch ein paar acht Wochen alte Tiere abzugeben.

»Schatz, wo liegt Delmenhorst?«

»Nördlich von uns, irgendwo zwischen Münster und Hamburg. Warum?«

»Erzähle ich dir später!«

Die Züchterin hatte leider keine Telefonnummer angegeben, also tippte Frederike schnell eine Nachricht über *Quoka.de* und schickte sie an die Frau in Delmenhorst.

Am nächsten Morgen, gleich nachdem Lukas im Kindergarten, Anna in der Schule und Tobias auf dem Weg zum Flughafen war, checkte Frederike ihre Mails. Da! Eine Mail aus Delmenhorst:

Liebe Frederike, danke für Dein Anschreiben. Ich habe noch einige Jungtiere zur Abgabe hier. Am besten kommst Du einfach vorbei, dann kannst Du Dir welche aussuchen. Ich zeige Dir auch gerne, wie man Satinangoras pflegen muss.
Viele Grüße, Monika

***

Endlich! *Ausfahrt Delmenhorst*. Das Navi lotst Frederike sicher durch ein Vorstadtwohngebiet.

Hier muss es sein. Sie parkt vor einem kleinen Einfamilienhaus mit verwildertem Garten. Ein Jägerzaun trennt das Grundstück von der Straße. Frederike öffnet das Gartentor und geht über einen schmalen Weg aus Waschbetonplatten zum bescheidenen Hauseingang. Auf ihr Klingeln öffnet ihr eine kleine dunkelhaarige Frau mit schmalem Gesicht und einer ganz offensichtlich selbst gestrickten Weste.

»Hallo, ich bin Monika. Komm rein, ich habe dich schon erwartet.«

Frederike folgt ihr durch einen Flur voller Kratzbäume, auf denen sie mindestens drei Katzen zählt, die sie misstrauisch beäugen. In einer Ecke steht ein Spinnrad mit einem Stuhl davor.

Durch eine Tür kommen sie in eine einfache Küche. Überall liegen Säcke und Dosen mit Tierfutter herum. Eine weitere Katze streicht ihr um die Beine. Marion plappert dabei die ganze Zeit, entschuldigt sich dafür, dass es nicht aufgeräumt ist – sie hätte halt viel zu tun, der Job und die vielen Tiere. Gerade würde sie Zwergseidenhühnereier ausbrüten …

Durch eine weitere Tür kommen sie in eine Garage, in der kein Auto, dafür aber allerlei Gerümpel herumsteht. In einem Wandregal stapeln sich Papiertüten.

Noch eine Tür. Jetzt stehen sie im Garten, der vor allem aus einer großen Wiese besteht, die von einer wilden Hecke eingegrenzt wird.

15

»Die Kaninchen sind da hinten. Mein Freund hat mir endlich die neuen Gehege fertiggebaut«, erzählt Monika und wendet sich nach links. Auf der Wiese stehen mehrere Maschendrahtverschläge, die kleinsten sind zwei Quadratmeter groß. Jeder Verschlag hat eine Hütte und einen Auslauf. Die Verschläge sind verrückbar, sodass sie immer wieder auf ein frisches Stück Wiese gestellt werden können. Frederike ist entzückt: Sie hatte mit so kleinen Ställen gerechnet, wie ihre Nachbarn sie früher hatten; kleine Boxen, mehrere übereinander und in jeder ein Kaninchen. Diese hier hatten ja viel mehr Platz, mit frischer Luft, Tageslicht, Auslauf und frischem Grün! Sie beschloss spontan, dass sie ihre Kaninchen auch so halten wollte.

»Ihren Kaninchen geht es ja richtig gut, die haben so viel Platz.«

»Ja«, nickt Monika, »ich lege Wert auf eine artgerechte Haltung. In den kleinen Gehegen halte ich die Rammler, die müssen leider zeitweise alleine sitzen. Aber wenn einer decken soll, lasse ich ihn bis kurz vor der Geburt beim Weibchen – dann hat er vier Wochen lang Gesellschaft.«

Frederike staunt, darüber hatte sie sich noch keine Gedanken gemacht.

»Hier sind die Jungtiere.« Monika zeigt auf ein weiteres Gehege. Es ist etwa dreimal drei Meter groß und hat sogar eine Tür. Innen tummeln sich lauter Wollknäule in den unterschiedlichsten Farben.

»Mein Gott, wie viele sind denn das?«, fragt Frederike und fängt an zu zählen, was gar nicht so einfach ist, weil alle durcheinander hoppeln.

»Jetzt sind es nur noch zwölf. Zwei sind schon weg. Ich hatte zwei Häsinnen gleichzeitig tragend. Meine alten Ställe waren kaputt und so hat sich ein Rammler nachts selbstständig gemacht und die Mädels besucht. Darum hat mir mein Freund neue Ställe gebaut.« Monika lacht. »Wenn du mehrere nimmst, kriegst du Mengenrabatt.«

Frederike schaut ins Gehege. *Mein Gott, sind die süß. Eins hat ja dieselbe Haarfarbe wie Lukas: orange! Das muss unbedingt mit.* Dann gibt es noch undefinierbar graue Tiere, manche etwas heller. Die gefallen Frederike nicht.

Schwarz oder weiß – sie kann sich nicht entscheiden. »Wie war das noch mal mit dem Mengenrabatt?«, fragt sie.

»Wie viele nimmst du denn?«

»Eigentlich wollte ich ja zwei. Den Orangen will ich auf jeden Fall. Und nun kann ich mich nicht zwischen Schwarz und Weiß entscheiden …«

»Okay, wenn du drei nimmst, bekommst du den Dritten für die Hälfte.«

»Prima, abgemacht«, freut sich Frederike.

»Welchen von den Weißen willst du? Ich habe zwei mit blauen Augen und zwei mit roten.«

»Lieber einen mit blauen Augen. Welches ist egal, ich nehme das, das du schneller fangen kannst«, lacht Frederike.

»Gut. Hast du etwas zum Transportieren dabei?«

»Ja, im Auto. Einen Katzentransportkorb. Hoffentlich ist der nicht zu klein für drei?«

»Könnte eng werden. Ich gebe dir besser einen Karton mit. Für drei Stunden wird das gehen.«

Doch statt zurückzugehen, geht Monika zu einem anderen Gehege und nimmt ein stattliches rotes Kaninchen heraus.

»Das ist Joey, der Vater von den Kleinen. Sein Fell ist gerade reif, da zeig ich dir noch, wie man Satinangoras richtig zupft.«

»Zupft?«

»Keine Angst, das tut denen nicht weh. Ist aber gut, wenn man mal gesehen hat, wie es geht.«

Mit dem großen Rammler im Arm, der ganz offensichtlich die Aussicht genießt, geht Monika zum Haus zurück. In der Küche angekommen, bietet sie Frederike einen Platz an. Joey wird auf ein Handtuch auf dem Tisch gesetzt. Mit einem Kamm fährt Marion dem Rammler vorsichtig durchs seidige Fell. Dann fast sie eine dünne Strähne und zupft sie aus dem Fell heraus. Ein kleines Büschel von etwa acht Zentimeter langen Haaren hält sie zwischen Daumen und Zeigefinger. Joey hat nicht mal mit der Wimper gezuckt. Dann pustet sie die Haare an der Stelle auseinander, sodass man die Haut sieht.

»Schau mal«, sagt Monika, »hier kannst du sehen, dass das neue Fell schon etwa einen Zentimeter lang ist. Die neuen Haare schieben die alten praktisch hinaus, aber sie fallen nicht von alleine ab. Darum musst du sie vorsichtig abzupfen. Du hast ja gesehen, dass tut den Kaninchen nicht weh. Wenn du das aber nicht machst, verfilzen die Haare. In der Natur können Satinangoras nicht überleben, die würden bis zur Bewegungsunfähigkeit verfilzen. Außerdem wäre ihnen dann so warm unter ihrem Pelz, dass sie aufhören würden zu fressen und der Kreislauf kollabiert.«

Frederike schluckt und staunt. *Da übernimmt man ja richtig viel Verantwortung für so ein Tier. Damit kann man Kinder nicht allein lassen.*

»Keine Angst«, beruhigt sie Monika, »das ist nicht so aufwendig, wie es sich anhört. Der Fellwechsel passiert alle drei Monate. Wenn du die Kaninchen jeden Monat einmal durchkämmst, kann gar nichts passieren.«

Einmal im Monat – das ist zu schaffen, denkt Frederike und bedankt sich bei Monika. Dabei beobachtet sie, wie Monika die gezupfte Haarsträhne sorgfältig in eine Papiertüte mit der Aufschrift *Joey* steckt.

Sie gehen wieder durch die Garage hinaus. Monika hält mit einer Hand den roten Riesenrammler, mit der anderen schnappt sie sich einen herumstehenden Karton.

Draußen setzt sie Joey wieder vorsichtig zurück in seinen Verschlag. Sie öffnet das Tor und betritt das Jungtiergehege. Frederike kann kaum glauben, dass diese Winzlinge auch einmal so groß sein werden wie Joey.

In der Mitte des Geheges kniet sich Monika nieder und greift mit einer schnellen Handbewegung nach dem orangefarbenen Tier. Behutsam dreht sie es so herum, dass sie sein Geschlecht sehen kann.

»Das ist ein Junge«, sagt sie und gibt ihn Frederike, damit die ihn in den Karton setzen kann.

»Ach, ist der weich«, freut sich Frederike.

Dann fängt Monika das Schwarze. »Das ist ganz sicher ein Mädchen«, kommentiert sie und übergibt es an Frederike.

Das Weiße mit den blauen Augen ist nicht ganz so leicht zu fangen, aber letztendlich landet auch dieses im Karton. Über das Geschlecht ist sich Monika nicht so sicher, aber wahrscheinlich ist es ein Junge. Geschlechtsbestimmung bei jungen Kaninchen ist nämlich eine Kunst für sich, lernt Frederike.

Nachdem alle drei Kaninchen sicher im Karton sitzen, gibt Frederike Marion das Geld und verabschiedet sich. Diese wünscht ihr viel Glück mit den Tieren und eine gute Heimreise. Natürlich vergisst sie auch nicht darauf hinzuweisen, dass sich Frederike bei Fragen jederzeit an sie wenden kann. Der Karton mit den nun doch etwas eingeschüchterten Kaninchen wird sorgfältig im Auto verstaut und Frederike tritt gut gelaunt und mit reicher Beute die Heimreise an.

KAPITEL 2

Die Heimreise verlief ohne Zwischenfälle. Kurz vor fünf parkt Frederike das Auto vor der Kita. Lukas ist das letzte Kind, das noch nicht abgeholt wurde. Er wartet bereits im Foyer.

»Ich finde es doof, wenn ich so lange im Kindergarten bleiben muss«, mault er und zieht dabei seine Jacke an.

»Das glaube ich dir gerne. Aber manchmal muss es eben so sein. Und heute habe ich eine Überraschung.« Frederike macht ein bedeutungsvolles Gesicht.

»Eine Überraschung? Was denn für eine Überraschung?« Lukas Laune verändert sich in Sekundenschnelle von niedergeschlagen zu aufgekratzt. Hüpfend läuft er zum Ausgang.

»Warte auf mich«, ruft seine Mutter und eilt hinter ihm her.

Als sie im Auto sitzen, quengelt Lukas weiter, aber Frederike bleibt dabei, dass das Geheimnis erst gelüftet wird, wenn Anna auch dabei ist.

Anna hat erst gar keine Lust, jetzt schon mit nach Hause zu kommen, doch als sie von Lukas erfährt, dass eine Überraschung auf sie wartet, steigt sie bereitwillig ein.

Kaum hält das Auto zu Hause, springen die Kinder heraus und tanzen um das Fahrzeug. Frederike holt nun den Karton hinten raus. Die Kinder stehen rechts und links neben ihr und schauen erwartungsvoll mit großen Augen. *Umzugskarton* liest Anna.

»Hä? Ziehen wir um? Ist das die Überraschung?«

»Ich will nicht umziehen«, schreit Lukas.

»Nein, nein, keine Angst, wir ziehen nicht um.« Frederike schmunzelt. »Die Überraschung ist da drin. Anna, schließ mir doch bitte mal die Haustür auf.« Sie gibt ihrer Tochter die Schlüssel.

Vorsichtig nimmt sie den großen Karton hoch. Unten ist er schon ganz weich.

»Mama, die Überraschung tropft«, stellt Lukas fachmännisch fest.

Frederike trägt den Karton hinein und stellt ihn im Flur auf den gefliesten Boden.

»Na, seid ihr bereit für die Überraschung?«, fragt sie und öffnet den Karton.

Die Kaninchen sitzen eng aneinander gekuschelt und schauen nach oben.

»Sind die süß!« entfährt es Anna.

Lukas beginnt zu tanzen: »Die Kaninchen sind da, die Kaninchen sind da.«

»So«, sagt Frederike, »die Kaninchen haben eine lange Reise hinter sich und möchten sich jetzt bestimmt ausruhen. Helft mir doch bitte, sie hinaus in ihr neues Heim zu tragen.«

***

Vor ein paar Tagen hatte Frederike eine ihrer Nachbarinnen auf der Straße getroffen und ihr von dem Kaninchenwunsch der Kinder erzählt. Zuerst fragte die Nachbarin sie, ob sie sich das wirklich antun wolle, aber dann erzählte sie von einer weiteren

Frau in der Nachbarschaft, die gerade ihren Garten neu gestaltete und ihren alten Hasenstall loswerden wollte. Frederike war dann gleich zu dieser anderen Nachbarin rübergelaufen und hatte sie auf den Hasenstall angesprochen.

»Ach, ihr wollt Kaninchen haben? Habt ihr euch das auch gut überlegt?«

»Naja«, antwortet Frederike, »ursprünglich wollten die Kinder einen Hund haben. Aber das ist uns zu teuer und zu aufwendig. Jetzt sind Tobi und ich froh, dass sie sich mit zwei Kaninchen begnügen. Die kosten nicht viel und der Aufwand hält sich in Grenzen.«

»Ach ja? Na, dann wollen wir mal hoffen, dass ihr recht behaltet ...«, orakelt die Nachbarin. »Meinen alten Stall könnt ihr auf jeden Fall umsonst haben, wenn ihr ihn selbst abbaut und rüber tragt. Ich habe auch noch einen Auslauf aus Holz und Maschendraht, den könnt ihr auch mitnehmen.«

Am nächsten Samstag, als Anna zu einem Kindergeburtstag eingeladen war und Lukas von einem Freund mit zum Schwimmen genommen wurde, machten sich Frederike und Tobias auf, um den Hasenstall zu holen.

Die Nachbarin hatte den Stall selbst gebaut, weil ihr die im Handel angebotenen zu klein und zu teuer waren. Dieser war rund anderthalb Meter breit, einen halben Meter tief und noch mal so hoch. Auf der rechten Seite befand sich eine Höhle als Rückzugsort. Sie nahm nur die halbe Höhe ein, sodass die Kaninchen auch darauf springen und so eine Etage höher sitzen konnten. In der unteren Hälfte der rechten Tür war kein

Maschendraht, sondern ein Brett. War die Tür zu, war die Höhle geschlossen. Wenn man die Tür öffnete, konnte man in die Höhle hineinsehen und sie sauber machen. Sehr praktisch.

Der Stall stand auf vier Beinen und war so hoch, dass Lukas gut hineingucken und die Tiere sehen konnte. Von außen war der Stall weiß gestrichen und hatte oben ein schräges Dach aus Teerpappe, mit Überstand natürlich, damit es nicht in den Stall hineinregnen konnte. Und schwer war er. Tobias und Frederike stöhnten ganz schön, als sie das Monstrum über die Straße in ihren Garten schleppten.

Sie stellten den Stall an einer windgeschützten Stelle auf und gingen gleich noch mal los, um auch das Gehege zu holen. Das war auch aus Holz und Maschendraht gebaut, etwa einmal zwei Meter groß und einen halben Meter hoch. Dazu kamen zwei Abdeckplatten, die laut der Nachbarin sehr wichtig waren, nicht nur, damit die Hasen nicht heraussprangen, sondern auch, um sie vor Katzen und Raubvögeln zu schützen.

»Raubvögel?« lacht Tobias, »wir bekommen so große Kaninchen, wenn sich daran ein Raubvogel vergreift, liegt er anschließend mit Bandscheibenvorfall in unserem Garten.« Die Abdeckplatten nehmen sie trotzdem mit.

***

Vorsichtig tragen Frederike und die Kinder die kleinen Kaninchen hinaus.

Frederike hatte bereits ganze Arbeit geleistet: Bevor sie nach Delmenhorst aufbrach, hatte sie den Kaninchenstall ausgewaschen, desinfiziert und anschließend mit einer Schicht aus Sägemehl und Stroh aufgefüllt. Sie staunte nicht schlecht, als sie bemerkte, dass der ganze Sack Stroh für sechs Euro dabei draufging. Außerdem hatte sie die Raufe mit Heu gefüllt – drei Kilo für fünf Euro –, eine Nippelflasche mit Wasser aufgehängt und einen Napf mit Körnerfutter aufgestellt.

Nacheinander setzen sie die Kaninchen in den Stall und schließen die Tür. Die drei Satinangoras sitzen wieder reglos dicht aneinander gekuschelt im Stroh und beobachten die drei Menschen, die so verzückt zu ihnen in den Stall schauen.

»Sind die süß!«, quietscht Anna erneut.

»Ich will das Rote«, ruft Lukas.

»Noch seid ihr so klein, aber bald seid ihr so groß wie euer Vater.« Frederike denkt an Joey, den roten Riesenrammler. Plötzlich erkennt sie: »Hilfe, der Stall ist zu klein!«

Jetzt passt er noch. Er war ja auch für zwei Zwergkaninchen konzipiert. Aber die Satinangoras sind mit ihren acht Wochen schon so groß wie ausgewachsene Zwerge! Frederike denkt an Joey. Der könnte hier drin schlafen, aber doch nicht wohnen …

Wenn diese drei ausgewachsen sind, könnten zwei unten nebeneinandersitzen und eins oben auf der Plattform liegen. Aber wehe, sie bewegen sich!

Ihr Blick wandert weiter zu dem Gehege auf dem Rasen. Dasselbe! Noch wird es gehen, aber wenn sie ausgewachsen sind, stoßen ihre Ohren oben an die Abdeckplatten. Oje, oje ... Tobias wird begeistert sein ...

Am nächsten Morgen sitzt Frederike allein mit ihren Kindern am Frühstückstisch.

»Mama«, fragt Lukas, »weiß Papa schon, dass wir jetzt Kaninchen haben?«

»Ja«, antwortet Frederike, »ich habe gestern noch mit ihm geskypt, als ihr schon im Bett wart, da habe ich es ihm erzählt.«

»Wann kommt Papa wieder?«, will Anna wissen.

» Samstagmorgen, er kann direkt von San Francisco nach Köln fliegen. Dann könnt ihr ihm unseren Familiennachwuchs zeigen.«

»Mama, wem gehören die Kaninchen jetzt eigentlich?«

»Na, uns allen natürlich.«

»Ich will aber ein eigenes – das rote.«

»Okay«, sagt Frederike, »und welches möchtest du, Anna?«

»Ich weiß nicht, ich finde alle schön ... Vielleicht das Weiße, es erinnert mich an Schnee ... Ich werde es *Snowy* nennen.«

»Gut, dann nehme ich das Schwarze und nenne es *Black Beauty*.«

»Mama«, meint Anna vorwurfsvoll, »das ist doch ein Pferdename!«

»Ja, genau. Ich finde das witzig. Außerdem bedeutet es *schwarze Schönheit* – und das passt ja wohl auch.«

»Meins heißt Bobby, meins heißt Bobby«, singt Lukas, hält plötzlich inne und sagt: »Jetzt hat Papa keins. Der ist bestimmt traurig ...« Lukas macht ein betroffenes Gesicht.

Frederike muss schmunzeln. »Das geht natürlich nicht. Dann teile ich meins mit ihm. Ich kümmere mich um Black Beauty, wenn er weg ist.«
Damit ist Lukas einverstanden und strahlt wieder.
»Oje, so spät ist es schon.« Frederike schaut auf die Uhr. »Kinder, jetzt aber dalli-dalli, ab in die Schule und in die Kita!«

Kaum sind die Kinder aus dem Haus, zieht Frederike eine Strickjacke über und geht in den Garten, um zu sehen, was die Kaninchen so machen. Vorsichtig nähert sie sich dem Stall. Schon von Weitem sieht sie Bobbys leuchtend rotes Fell. Er sitzt zusammen mit Snowy im Stroh und mümmelt am Heu. Der Napf für das Körnerfutter ist leer. Sie kann auch deutlich erkennen, dass Wasser aus der Nippelflasche getrunken worden ist. Doch wo ist Black Beauty? Sie kann sie nirgendwo sehen. Ah, vielleicht in der Höhle. Um sicherzugehen, öffnet sie die rechte Stalltür, damit sie hineinsehen kann. Doch oh Schreck, was ist das? Black Beauty liegt auf der Seite und atmet schwer. Vorsichtig nimmt Frederike sie heraus. Der Bauch des Kaninchens ist gebläht und jetzt riecht es auch unangenehm. Am After ist es total verschmiert. *Oje, Durchfall*, denkt sie, *was nun?* Sie schließt die Stalltür und geht mit dem schwarzen Kaninchen zum Haus zurück. Dort legt sie es in die Katzentransportbox, die immer noch im Flur steht. Sie greift nach Handtasche und Schlüssel und fährt zum nächsten Tierarzt.

In der Tierarztpraxis ist nicht viel los. Sie füllt schnell einen Fragebogen aus, dann wird sie auch schon in den Behandlungsraum gerufen.

Der Tierarzt ist ein freundlicher Mann Mitte 40. »Na, wen haben wir denn da?«, fragt er und nimmt das Kaninchen aus der Box. »Ist das ein Zwergteddy?«

»Ein was? – Äh … nein, das ist ein Satinangorakaninchen. Und von wegen Zwerg – das ist doch erst acht Wochen alt.«

»Sind Sie sicher? Nicht dass Ihnen da jemand einen Bären aufgebunden hat … Wo haben Sie es denn her?«

»Das habe ich gestern zusammen mit zwei Geschwistern bei einer Züchterin abgeholt. Ich habe auch die Elterntiere gesehen – die waren riesig, bis zu viereinhalb Kilo schwer.«

»Na wenn das so ist«, meint der Veterinär lahm. »Was haben Sie denn gefüttert?«

Frederike zählt auf: »Heu, Stroh und Körnerfutter.«

»Und haben die das alles gefressen?«

»Heu und Stroh kann ich nicht so genau sagen, aber der Napf mit den Körnern war leer.«

»Dann wird es wohl daran liegen«, doziert der Tierarzt. »Wissen Sie, Kaninchen haben einen sehr empfindlichen Magen und reagieren sensibel auf Futterumstellungen. Jungtiere sind davon besonders betroffen, weil sie ja gerade die Umstellung von Muttermilch auf feste Nahrung machen. Und das Körnerfutter lassen Sie am besten ganz weg. Davon werden sie nur fett, kriegen Blähungen und, was das Schlimmste ist, sie nutzen ihre Zähne nicht richtig ab und bekommen dadurch Zahnfehlstellungen.« Er gibt Black Beauty eine Spritze und legte sie wieder vorsichtig zurück in den Korb.

»Aber das Körnerfutter wird doch überall für Kaninchen angeboten«, protestiert Frederike.

»Ja«, sagt der Tierarzt, »aber das heißt ja nicht, dass es gut für die Tiere ist.«

»Und was soll ich dann füttern?«

»Am besten geben sie ihren Kaninchen frische Wiese mit Kräutern. Dazu Äpfel, Möhren, Salat, Kohl nur in ganz kleinen Mengen. Manche mögen auch Fenchel. Dazu Heu und Stroh zum Knabbern. Und natürlich immer frisches Wasser.«

»Aha«, meint Frederike, »und was hat das jetzt mit Zahnfehlstellungen zu tun?«

»Nagezähne haben ein Endloswachstum und sind so angeordnet, dass sie bei jeder Kaubewegung gegeneinander reiben, ähnlich wie die Schenkel einer Schere. So nutzen sie sich ab. Bei artgerechter Ernährung befinden sich Wachstum und Abnutzung im Gleichgewicht und die Zähne sind in einem optimalen Zustand. Körnerfutter dagegen hat so viel Energie, dass die Kaninchen davon weniger fressen. Also nutzen sie die Zähne nicht genug ab. Sie werden immer länger, bis das Kaninchen nicht mehr fressen kann. Dann muss der Tierarzt die Zähne kürzen und hoffen, dass sich die Wurzeln nicht verschoben haben und der Schereneffekt wieder eintritt.«

Der Tierarzt verabschiedet sich mit Handschlag, wünscht gute Genesung und weist noch darauf hin, dass Frederike unbedingt morgen wiederkommen soll, falls es nicht besser wird. Das Wartezimmer ist jetzt voll und Frederike muss an der Rezeption warten, bis sie ihre Rechnung bezahlen kann. An der Theke liegen viele Informationsbroschüren herum. Die über Kaninchen steckt Frederike in ihre Handtasche. Als sie endlich dran ist mit Bezahlen staunt sie nicht schlecht, dass diese erste Arztrechnung bereits den Kaufpreis des Kaninchens übersteigt.

KAPITEL 3

Black Beauty erholt sich rasch. Die Kinder haben gar nicht bemerkt, dass es ihr nicht gut ging und Frederike hat es ihnen lieber nicht erzählt, um sie nicht unnötig zu beunruhigen.

So gehen die Tage ins Land und es stellt sich eine gewisse Routine ein: Morgens, wenn die Kinder in Kita und Schule sind, füttert Frederike die Kaninchen und bringt sie bei trockenem Wetter in ihren Auslauf. Abends, kurz vor dem Abendbrot, gehen die Kinder mit einem Eimer auf eine nahegelegene Wiese und pflücken Grünzeug, bis der Eimer voll ist, bringen die Kaninchen in den Hasenstall und füttern sie mit den frischen Kräutern.

Bobby, Snowy und Black Beauty wachsen und gedeihen prächtig. Nach drei Monaten sind sie zu stattlichen Kaninchen herangewachsen, die vier Kilo auf die Waage bringen.

Bis eines Abends – oh Schreck – eine der Abdeckplatten verschoben und von den Kaninchen nichts mehr zu sehen ist. Ratlos stehen die Geschwister da und starren auf das leere Gehege.

»Ich hole Mama«, sagt Anna endlich, dreht sich um und läuft zum Haus.

Als Frederike mit ihrer Tochter im Garten erscheint, rennt Lukas ihnen mit erhobenen Armen entgegen. Er klammert sich an seine Mutter und beginnt zu weinen. »Bobby ist weg! Und die anderen auch!«, schluchzt er.

»Na, die werden wir schon wiederfinden«, tröstet ihn seine Mutter und streicht ihm über das Haar.

Aber wo sind die Racker bloß? Suchend schaut sich Frederike um. Auf dem Rasen sind sie nicht und unter den Büschen kann sie ebenfalls kein Kaninchen entdecken. Auch die Kinder suchen. Anna bückt sich, um besser sehen zu können. Lukas krabbelt über den Rasen und ruft: »Kaninchen, wo seid ihr?«

Da hören sie die Stimme der Nachbarin durch den mannshohen Holzzaun: »Hallo zusammen. Kann es sein, dass ihr eure Kaninchen sucht? Ich habe hier zwei im Garten.«

Frederike geht mit den Kindern ums Haus herum. Die Nachbarin öffnet die Tür, die an der Garage vorbei in ihren Garten führt. Vor ihnen tut sich eine gepflegte Rasenfläche auf, die aber verunstaltet ist mit lauter Wollfetzen. Es sieht aus, als habe hier ein Kampf stattgefunden. Der Garten steigt am Ende steil an und ist mit lauter Zierbüschen bepflanzt. Unter einem davon sieht Frederike schon von Weitem das schneeweiße Fell von Snowy leuchten.

»Da ist Bobby!«, schreit Lukas und deutet mit dem Finger auf einen anderen Busch.

Frederike veranlasst die Kinder stehen zu bleiben und sich nicht zu bewegen. Dann geht sie leicht in die Knie und nähert sich mit ausgestrecktem Arm und zärtlichen Lockrufen dem weißen Kaninchen. Snowy presst sich platt auf den Boden und sieht sie mit schreckgeweiteten Augen an. Mit einer schnellen Bewegung greift Frederike ihn im Genick und hebt ihn auf.

»Hab ihn«, verkündet sie triumphierend und drückt Snowy an ihre Brust. Dann sieht sie, dass sein Ohr ganz blutig ist. Er scheint verletzt zu sein. Sie übergibt ihn Anna, die ihn sofort nach Hause bringt und in den Stall setzt.

Nun wendet sich Frederike Bobby zu. Sie nähert sich ihm auf dieselbe Weise wie zuvor Snowy, doch Bobby denkt gar nicht daran, sich einfach so fangen zu lassen und ergreift die Flucht. Mit schnellen Sprüngen rennt er den Abhang hinauf. Frederike stakst langsam und vorsichtig durch die Zierrabatten hinterher, weiß sie doch, dass der Garten der ganze Stolz ihrer Nachbarin ist. Diese verfolgt sie mit Argusaugen.

Als Frederike auf drei Meter an den roten Hasen herangekommen ist, gibt dieser Gas und rennt den Abhang wieder hinunter auf den Rasen. Frederike klettert die Böschung ebenfalls hinab, vorsichtig bemüht keine Pflanzen zu zertreten. Die Nachbarin treibt den Ausreißer weiter auf die Terrasse. Hier sucht Bobby Schutz unter den Stapelstühlen, die sauber aufeinandergeschichtet in einer Ecke stehen.

Langsam nähern sich die beiden Frauen dem Kaninchen und schneiden ihm jede Fluchtmöglichkeit ab. Frederike geht auf die Knie und packt Bobby im Genick. Da schreit er so schrill, dass sie ihn vor Schreck fast wieder loslässt. Beherzt nimmt sie das schreiende Kaninchen hoch und drückt es an sich. Da verstummt Bobby wieder. Frederike hat ganz weiche Knie. Sie wusste gar nicht, dass Kaninchen so laut schreien können. Sie hatte sie immer für stumme Wesen gehalten. Sie weist Lukas an, die Haare auf dem Rasen einzusammeln. Dann bedankt sie sich bei der Nachbarin und entschuldigt sich für die Unannehmlichkeiten.

»Ist nicht schlimm, so etwas kann ja mal passieren.«

Frederike hört am Unterton, dass es nicht zu oft passieren sollte.

Auf dem Rückweg kommen sie an den Mülltonnen vorbei und Lukas wirf die eingesammelten Haare hinein.

Wieder zu Hause, ordnet Frederike an, die beiden Kaninchen in die Küche zu bringen. Sie legt ein Handtuch auf den Küchentisch, auf dem jetzt eigentlich das Abendbrot für die Familie stehen sollte, und lässt die Kinder die beiden Tiere daraufsetzten – natürlich in sicherem Abstand, damit die beiden Kampfhähne nicht wieder aufeinander losgehen.
Zuerst untersucht sie Snowy. Das Blut an seinem Ohr ist inzwischen getrocknet, aber es ist ein kleiner Riss zu sehen. Sie reinigt die Wunde mit Wasser und Seife und streicht etwas Jodsalbe darauf. Auch am Körper hat Snowy kleine Bisswunden. Sie beschließt, gleich morgen mit ihm zum Tierarzt zu gehen. Bobby scheint Gott sei Dank unverletzt zu sein.
Gemeinsam mit den Kindern trägt sie die Kaninchen wieder raus. Sicherheitshalber trennt sie die beiden: Der verletzte Snowy darf im Stall übernachten, Bobby kommt ins Gehege. Sie legt die Abdeckplatten sorgfältig oben drauf und sucht noch einen großen Stein, um sie zu beschweren. Zufrieden betrachtet sie ihr Werk. »Da kommst du nicht mehr von alleine raus.«
»Mama, Black Beauty fehlt noch«, reißt Lukas sie aus ihren Gedanken.
Ja richtig, Black Beauty.
»Die suchen wir morgen. Jetzt mache ich ein schnelles Abendbrot und dann bringe ich euch ins Bett.«
»Hoffentlich passiert Black Beauty nichts«, meint Anna besorgt.

»Aber nein«, beruhigt sie ihre Mutter. »Die genießt eine Nacht im Freien. Das ist für Black Beauty so, wie wenn ihr im Sommer draußen zeltet. Macht euch keine Sorgen.« Dabei macht sie sich selber welche, weiß sie doch, dass in der Gegend Füchse unterwegs sind.

Für den nächsten Vormittag hatte Frederike sich eigentlich vorgenommen, den großen Berg Wäsche weg zu bügeln, der sich in ihrem Hauswirtschaftsraum stapelt. Aber der muss jetzt warten, es ist wichtiger Snowy zum Tierarzt zu bringen.
Der staunt nicht schlecht, als er Snowy aus der Transportbox holt: »Ui, das ist ja ein richtiger Prachtbursche geworden.« Er untersuchte das Ohr und lässt sich dabei erzählen, wie es zu der Verletzung gekommen ist.
Als Frederike mit ihren Schilderungen fertig ist, schüttelt er nur mit dem Kopf und sagt: »Das wundert mich nicht.«
Frederike schaut ihn fragend an: »Warum nicht?«
»Nun ja, es stimmt schon, dass sich Kaninchen in Gruppen am besten verstehen, wenn sie sich von klein an kennen. Aber zwei geschlechtsreife Männchen werden immer miteinander kämpfen, wenn sie nicht kastriert sind. Haben sie schon mal über eine Kastration nachgedacht?«
»Geschlechtsreif? Die sind doch erst fünf Monate alt …« Frederike ist perplex. »Und Black Beauty – mein Gott, die ist doch nicht etwa schon schwanger?! Von ihren eigenen Brüdern? Ach herrje.«
»Tja«, meint der Tierarzt, »die Redewendung *vermehren sich wie die Karnickel* kommt nicht von ungefähr …«

Frederike hatte gar nicht gewusst, dass man auch Kaninchen kastrieren lassen kann. Nun gibt sie ich einen Ruck: »Also gut, dann lasse ich die beiden um des Friedens willen kastrieren.« Sie vereinbaren einen Termin in drei Tagen. In der nächsten Zeit soll sie die beiden Männchen unbedingt getrennt und von dem Weibchen fernhalten, sofern sie keinen Nachwuchs will. »Das Weibchen muss ich erst noch einfangen«, sagt sie und fährt mit Snowy nach Hause.

Black Beauty ist immer noch wie vom Erdboden verschwunden, aber die Möhre, die sie ihr am Vorabend noch unter den Stall gelegt hat, ist zur Hälfte aufgefressen und ein Haufen großer Kaninchenköttel daneben zeugt davon, dass es wohl keine Maus gewesen ist.

Sie geht zurück ins Haus, um sich endlich ihrer Bügelwäsche zu widmen, da klingelt das Telefon. Es ist die Nachbarin zwei Häuser weiter von der anderen Seite: »Hallo Frederike, ihr habt doch Kaninchen. Vermisst ihr eins?«

»Oh ja, ein schwarzes.« Frederikes Herz schlägt schneller.

»Das ist in unserem Garten. Kommst du es holen?«

Das muss sie nicht zweimal sagen. Beschwingt läuft Frederike los.

Schon als sie am Gartenzaun der Nachbarin vorbeiläuft sieht sie Black Beauty völlig ungeniert mitten auf dem Rasen sitzen und grasen.

Die Nachbarin lässt sie durch die Gartentür rein. »Meine Tochter und mein Enkel haben schon versucht, das Kaninchen einzufangen, es aber nicht geschafft. Das flitzt immer zu unserem Gartenhäuschen und versteckt sich darunter. Es scheint sich dort eine Höhle gegraben zu haben.«

Frederike schaut sich um. Der Garten ist riesig, das meiste davon Rasen. Mitten drin steht ein Gartenhäuschen, eingerahmt von Büschen. Die hintere Seite dient als Ablageplatz für all die Dinge, die man nicht braucht, aber auch nicht wegwerfen will: leere Blumentöpfe, ein Stapel Waschbetonplatten, eine Rolle Maschendraht ...

Black Beauty frisst immer noch, hat sich aber so gedreht, dass sie die beiden Frauen im Blick hat. Als sich Frederike ihr vorsichtig nähert, geht die Häsin gar kein Risiko ein und flieht mit großen eleganten Sprüngen Richtung Gartenhäuschen. Dort verschwindet sie zwischen den alten Blumentöpfen. Frederike folgt ihr und sieht gerade noch, wie das Kaninchen in einem Loch unter dem Gartenhäuschen verschwindet. *Mist! So kriegen wir die nie*, denkt sie und sagt zur Nachbarin, dass sie jetzt nach Hause gehen und sich erst einmal eine Strategie überlegen werde, wie sie die Häsin einfangen können.

Am nächsten Morgen geht Frederike mit dem Gedanken an die bevorstehende Kastration zum Hasenstall. Aha, die darunterliegende Möhre ist wieder fast aufgefressen. Es scheint, als ob Black Beauty ihre beiden Geschwister vermissen würde ... Sie öffnet den Stall um Snowy zu füttern, dabei streichelt sie sein herrliches Fell. Es ist ganz lang geworden und glänzt seidig. Sie nimmt eine Strähne zwischen Daumen und Zeigefinger und zupft vorsichtig daran. Die Strähne löst sich, das Fell ist reif für die *Ernte*. Es wäre bestimmt nicht verkehrt, die beiden von ihrem überflüssigen Pelz zu befreien, bevor sie morgen ihre Vollnarkose bekommen. Kurz entschlossen greift sie sich den weißen Hasen und trägt ihn ins Haus.

Sie setzt ihn mit einem Handtuch darunter auf den Küchentisch und legt ihm sein Futter hin. Während das Kaninchen sein Frühstück einnimmt, sucht Frederike alles zusammen, was sie braucht: einen Kamm, eine Schere und eine Papiertüte, auf die sie mit schwarzem Edding *Snowy* schreibt.

Vorsichtig beginnt sie das Fell zu kämmen, wie Monika es ihr gezeigt hat. Da ihr das Kaninchen das Hinterteil zuwendet, beginnt sie am Rücken, oberhalb der *Blume*, wie man das Puschelschwänzchen nennt. Mit der linken Hand stützt sie Snowy, mit der rechten zupft sie. Bald schon hat sie einen ansehnlichen Berg feinster weißer Haare neben sich auf dem Tisch liegen.

Um an die Seiten zu kommen, dreht sie den Vierbeiner auf dem Tisch, aber der nimmt wieder seine alte Position ein. Erst, als sie auch sein Futter mit dreht, lässt er sie gewähren. Die Haare an den Seiten sind deutlich kürzer als die auf dem Rücken. Jetzt sieht Snowy schon ganz anders aus, eher wie ein Teddykaninchen mit halblangem Fell. Rund um die Ohren sind die Haare dünn, fettig und – verfilzt. Frederike nimmt die Schere und schneidet die Filzstellen heraus. Diese legt sie auf einen anderen Haufen. Ob man die Haare im Gesicht auch zupfen muss? Sie kämmt behutsam über den Nasenrücken. – Nein, da ist das Fell kurz. Aber unter dem Kinn am Hals, da ist dichte Wolle, die ausgedünnt werden muss. Leider ist Snowy dort kitzlig und will sich nicht anfassen lassen. Entweder dreht er den Kopf oder presst ihn auf die Tischplatte, sodass Frederike nicht an die Stelle rankommt. Immer wieder versucht sie es, bis ihr der Schweiß ausbricht. Erst als sie Snowy auf ihren Schoß setzt und mit dem Hinterteil unter ihren linken Arm klemmt, kann sie mit der linken Hand sein Kinn halten und mit der rechten vorsichtig zupfen. Die Haare aus dieser Region sind mit drei Zentimeter Länge die kürzesten, die sie bisher *geerntet* hat.

Wie es wohl am Bauch ist? In den Achseln fühlt sie Verfilzungen, die müssen weg – aber wie? Sie versucht, Snowy auf den Rücken zu legen. Das findet der aber gar nicht toll und dreht sich blitzschnell wieder um. So geht das also nicht. Sie greift mit der linken Hand unter seinen Brustkorb und hebt ihn vorsichtig an. Instinktiv hält er sich mit den Vorderfüßen an ihrem Arm fest. Sie hebt ihn immer höher, bis er auf den Hinterbeinen steht. Damit er nicht fällt, stützt sie ihn mit der rechten Hand. Nun ist er in einer optimalen Position, um seinen Bauch zu kämmen, doch leider fehlt Frederike der dritte Arm dazu. Das geht also auch nicht. Nun ist guter Rat teuer. Sie startet einen letzten Versuch: Sie packt Snowy im Nacken und dreht ihn im Zeitlupentempo wie bei einem Rückwärtssalto nach hinten, wobei sie seinen Rücken mit ihren Oberschenkeln abstützt. Er liegt ganz still, fast wie hypnotisiert und sie beginnt vorsichtig, seinen Bauch zu zupfen. Für die Verfilzungen braucht sie die Schere und eine zweite Hand. Vorsichtig lässt sie seinen Nacken los. Er bleibt immer noch stillliegen und sie schneidet die verknoteten Haare heraus. An der Oberschenkelinnenseite sind die Haare lang und dünn, zur Mitte hin aber kürzer, sehr dicht und verfilzt. Man kann kaum etwas erkennen. Frederike arbeitet hoch konzentriert und hat Angst, Snowy aus Versehen zu schneiden. Mit einem Mal fängt der Hase an zu zappeln, windet sich und dreht sich wieder auf den Bauch. Frederike ist fix und fertig, schweißgebadet und der Nacken tut ihr weh.

Sie schaut auf die Uhr: Das kann doch nicht wahr sein! Seit eineinhalb Stunden sitzt sie mit Snowy in der Küche!

»Du hast bestimmt keine Lust mehr«, sagt sie zu dem Kaninchen und setzt es zurück auf das Handtuch.

Zufrieden betrachtet sie den großen Haufen mit der schneeweißen Wolle. Wie viel das wohl ist? Sie holt die Küchenwaage aus der Schublade hervor. Erstaunt stellt sie fest, dass der Riesenberg Haare nur 54 Gramm wiegt. Ihre Finger gleiten durch die Masse. Wie weich das ist … und dieser Glanz – wunderbar! Sorgfältig legt sie die Wolle in die Papiertüte. Den kleinen Haufen mit den schmuddeligen verfilzten Haaren entsorgt sie im Biomüll. Jetzt erst bemerkt sie, dass ihre Kleidung auch voller Haare ist und ihre Küche voller Wollmäuse – wenn auch sehr edler.

Sie bringt Snowy samt seinem Restfutter wieder hinaus in den Garten. Da fällt ihr Blick auf Bobby. »Oje, du Armer, du bist ja auch noch dran.« Sie holt Bobby aus dem Rasengehege und trägt ihn in die Küche. Dort setzt sie ihn aufs Handtuch und beginnt die Prozedur von Neuem.

Bobbys Fell hat einen herrlichen Orangeton. Bei ihm kann man viel besser die dunklen Haarspitzen des neu nachwachsenden

Fells erkennen, was die Zupfarbeit deutlich erleichtert. Mit dem langen Fell wirkte er abricotfarben, an den *abgeernteten* Stellen ist er jetzt wieder wie Cognac. Faszinierend! Frederike arbeitet begeistert weiter, obwohl ihr der Nacken schmerzt.

Als sie am Bauch angekommen ist, klingelt es an der Tür. Sie setzt Bobby auf den Tisch und öffnet. Völlig entgeistert stellt Frederike fest, dass ihre Tochter bereits aus der Schule heimgekommen ist. So spät ist es schon … Sie hat die Zeit völlig vergessen – und gekocht hat sie auch noch nicht!

»Hallo Mama.« Anna tritt ein. »Wie siehst du denn aus?«

Frederike schaut an sich herunter: Ihre Kleidung ist überall von Kaninchenhaaren bedeckt. »Komm, hilf mir mal in der Küche mit Bobby.«

»Mit Bobby? Oh, da sitzt er ja – und so viel Wolle! Du hast geerntet!«

»Ja, aber er ist noch nicht ganz fertig. Der Bauch muss noch gemacht werden. Das geht bestimmt besser zu zweit, bei Snowy bin ich fast verzweifelt.« Sie zeigt Anna, wie sie Bobby halten muss, damit sie an die empfindlichen Stellen kommt.

Zu zweit geht es viel schneller. Als sie fertig sind, ist auch Anna voller Haare. Beide müssen lachen.

»Weißt du was? Wir ziehen uns schnell um und dann fahren wir Hamburger essen.«

»Oh ja.« Anna ist begeistert. »Nehmen wir Lukas mit?«

»Ja. Ich bringe Bobby noch in sein Gehege, dann fahren wir los und holen Lukas auf dem Weg von der Kita ab.«

Abends präsentiert Frederike Tobias stolz ihre *Ernte.*

»Und was machst du nun mit der Wolle?«

»Weiß ich noch nicht … Ich habe im Internet gesehen, dass man für hundert Gramm Satinangorawolle zwanzig Euro bekommt – vielleicht verkaufe ich sie. Aber eigentlich habe ich Lust, selbst etwas damit zu machen.«

»Was denn? Ein Kissen füllen?«

»Nein, dafür ist die Wolle viel zu schade. Sie hat so einen schönen Glanz und ist viel wärmer als Schafswolle. Satinangora kann man eher mit Kaschmir vergleichen. Es wäre doch toll, wenn ich mir daraus ein warmes Schultertuch für den Winter stricken könnte …«

»Ja, aber dazu müsste die Wolle erst einmal zu einem Faden versponnen werden. Kannst du so etwas überhaupt? Oder kennst du jemanden, der das für dich macht?«

»Noch nicht.« Frederike grinst verschmitzt. »Aber ich habe im Internet gesehen, dass es Frauen gibt, die so etwas gegen Geld machen. Aber ich dachte, da wir mehrere Kaninchen haben, bei denen regelmäßig Wolle anfällt, wäre es auf Dauer günstiger, wenn ich es selbst könnte.«

»Aha. Und so, wie du mich gerade ansiehst, hast du bestimmt auch schon einen Plan …«

»Ach, wie gut du mich doch kennst … In der Volkshochschule wird nächsten Monat ein Wochenendkurs angeboten, bei dem man spinnen lernen kann.«

»Spinnen? Das kannst du doch schon.« Tobias grinst.

»Haha«, erwidert Frederike säuerlich, »vielleicht können wir den Termin mal mit deinem Kalender abgleichen, ob du dann die Kinder nehmen kannst.«

KAPITEL 4

Am nächsten Vormittag bringt Frederike die beiden Männchen zum Tierarzt. Ein bisschen unwohl ist ihr schon bei dem Gedanken an die bevorstehende Operation, aber sie weiß ja, dass es nicht anders geht. Sie gibt die beiden Tiere ab, jedes für sich in einer eigenen Transportbox – sie hat extra noch eine zweite gekauft, damit sich die beiden Streithähne nicht wieder bekriegen. Die Tierarzthelferin nimmt die beiden in Empfang und verspricht sich zu melden, wenn sie wieder abgeholt werden können. Das würde so gegen 15.00 Uhr sein.

Wieder zu Hause stürzt sich Frederike in ihre Hausarbeit, die sie in den letzten Tagen wegen der Kaninchen doch ganz schön vernachlässigt hat. Sie trägt gerade einen Korb schmutziger Wäsche in die Waschküche, als das Telefon klingelt. Es ist wieder die Nachbarin. Black Beauty sei gerade auf ihrer Terrasse, dort könnte man sie bestimmt gut einfangen.
»Bin gleich da!«, ruft Frederike in den Hörer und läuft gleich los.
Die Nachbarin hatte als Köder eine Möhre in die Ecke der Terrasse unter einen Stuhl gelegt. Dort sitzt nun Black Beauty, knabbert an der Karotte und lässt ihre Umgebung nicht aus den Augen.
»Ui, die ist aber misstrauisch, da dürfen wir uns keinen Fehler erlauben«, bemerkt Frederike.
Sie sprechen ab, dass sie sich ihr gleichzeitig nähern, um ihr alle Fluchtwege abzuschneiden. Frederike soll sie dann im Nacken packen.

Die beiden Frauen gehen auf die Knie und krabbeln langsam auf Black Beauty zu. Das Kaninchen hört auf zu fressen und starrt die beiden Frauen an. Als sie nah genug ran sind, streckt Frederike blitzschnell den Arm aus, um das Kaninchen zu packen, aber Black Beauty ist schneller: Mit einem eleganten Sprung hüpft sie über ihr Frauchen hinweg, schlägt einen Haken und flitzt über den Rasen zur Gartenhütte. Dort verschwindet sie wieder in dem Loch darunter.

»So ein Mist!« Frederike steht auf und klopft sich ihre Hose sauber.

Auch die Nachbarin rappelt sich hoch. »Na dann, bis zum nächsten Mal.«

Geknickt geht Frederike nach Hause.

Gegen Mittag, die Familie sitzt gerade bei Tisch, klingelt wieder das Telefon. Es ist der Tierarzt – höchstpersönlich: »Frau Bergmann, es tut mir sehr leid ihnen mitteilen zu müssen, dass das weiße Kaninchen aus der Narkose nicht mehr erwacht ist.«

»Nicht mehr erwacht – heißt das, es ist tot?«

»Ja, es tut mir leid. So etwas ist uns hier noch nie passiert. Darum habe ich das Tier auch geröntgt, um zu sehen was los ist. Auf dem Bild sieht man einen Schatten, er hatte wohl ein Lungenemphysem und wäre sowieso in den nächsten Tagen gestorben.«

»Waaas? Der war krank? Warum haben wir das nicht bemerkt?«

»Naja, das ist nicht ungewöhnlich. Kaninchen sind Beutetiere. Ihr Überleben hängt davon ab nicht zu zeigen, dass sie krank sind.«

»Aber ein Emphysem? Woher kommt das?«

»Meistens dringt der Erreger durch eine Wunde ein. Das kann eine harmlose Wunde sein, die man manchmal sogar nicht einmal bemerkt.«

»Er war am Ohr verletzt. Die beiden Männchen hatten miteinander gekämpft und Bobby hat dabei Snowy am Ohr verletzt. Ich hatte das Ohr aber desinfiziert.«

»Entweder war der Erreger schneller als sie oder er ist über eine andere Wunde eingedrungen, wie gesagt, man bemerkt es oft nicht mal.«

»Aber Bobby geht es gut?«

»Ja, der hat alles prima überstanden und kann in zwei Stunden abgeholt werden. Soll Snowy hierbleiben oder wollen sie ihn zu Hause beerdigen?«

»Ich weiß nicht«, überlegt Frederike, »ich denke, ich nehme ihn mit.«

Als sie auflegt, schauen sie zwei Augenpaare ängstlich an.

»Ist Snowy tot?«, fragt Lucas.

Frederike nickt.

»Jetzt habe ich kein Kaninchen mehr!«, heult Anna und sinkt auf der Tischplatte zusammen.

Frederike, selbst ganz traurig, legt tröstend den Arm um sie.

»Snowy war ein tolles Kaninchen. Wir werden ihm eine schöne Beerdigung geben, heute Nachmittag, in unserem Garten.«

Die Kinder schauen zu ihr auf.

»Während ich die beiden Kaninchen abhole, setzt ihr euch an den Küchentisch und malt oder schreibt etwas Schönes für ihn.

Dann pflücken wir zusammen ein paar bunte Blumen und suchen eine geeignete Grabstelle im Garten aus.«

Sie geht in den Keller und holt einen Karton.

»Den können wir als Sarg benutzen.«

Als sie im Auto sitzt und endlich allein ist, kann auch sie ihrer Trauer freien Lauf lassen. Sie schluchzt auf und ein paar Tränen fließen. Dann reißt sie sich zusammen und fährt zum Tierarzt.

Dort übergibt ihr die freundliche Helferin Bobby in seiner Transportbox. Er sitzt aufrecht und putzt sich gerade. Als Frederike ihn so sieht, fällt ihr eine große Last vom Herzen.

»Bobby«, flüstert sie und umarmt die Box.

Dann erscheint der Tierarzt im Türrahmen. Er macht ein ernstes Gesicht und hält die zweite Box in Händen. »Tja, Frau Bergmann, wie ich schon am Telefon sagte, es tut mir sehr leid mit dem weißen Kaninchen, das kommt hier nicht allzu oft vor. Wir haben ihn in die Transportbox gelegt, so können sie ihn mitnehmen und im Garten begraben. Bitte tief genug, dass ihn kein Wildtier wieder ausgräbt.«

Oh Gott, denkt Frederike, *wie schrecklich*. Dann wendet sie sich an den Tierarzt: »Die Kinder planen eine Beerdigung.«

»Das ist gut, das hilft ihnen, ihre Trauer zu verarbeiten. Zum Glück haben sie ja noch die anderen zwei. Mit Bobby ist alles gut verlaufen. Bitte halten sie ihn die nächsten Tage nur im sauberen Stall, nicht auf die Wiese setzten. Und dann bringen sie ihn nächste Woche zum Fädenziehen. Sollte irgendetwas sein, rufen sie mich unter dieser Notfallnummer an.« Er übergibt ihr ein Kärtchen.

Frederike verabschiedet sich und nimmt die beiden Transportboxen. Bezahlen muss sie auch noch. Der Tierarzt berechnet für Snowy nur die Hälfte der Kosten.

Die Kinder waren in ihrer Abwesenheit sehr fleißig: Lukas hat ein Bild gemalt, Anna hat ein Gedicht geschrieben und den Text mit gemalten Blumengirlanden verziert. Den Sargkarton haben sie außen bunt angemalt und innen mit Papierservietten ausgelegt. Frederike ist gerührt. Sie stellt die Box mit Bobby auf den Küchentisch. Den toten Snowy hat sie lieber draußen im Schatten stehen gelassen.

Die Kinder stürzen sich auf das Kaninchen. »Bobby!«, ruft Lukas.

»Jetzt bist du unser einziges Kaninchen«, flüstert Anna.

»Naja, es gibt ja noch Black Beauty. Es wird Zeit, dass die wieder nach Hause kommt«, meint Frederike. »Wir werden heute Nacht einen Köder auslegen und ihr eine Falle bauen.«

»Oh ja, eine Falle«, freut sich Lukas.

»Wie willst du das denn machen?«, fragt Anna.

»Erzähle ich euch später. Jetzt bringen wir erst einmal Bobby raus und beerdigen Snowy.«

Sie laufen durch den Garten und suchen nach einer geeigneten Stelle für Snowys Grab.

»Hier wäre es doch schön«, schlägt Anna vor und deutet auf ein lauschiges Plätzchen unter den Kirschbäumen.

»Ja«, meint Frederike, »aber hier sind so viele Wurzeln, da können wir kein Loch graben.«

»Und da?«, fragt Lukas, »da kann man gut graben.« Er deutet auf das Gemüsebeet.

»Das geht auch nicht«, erwidert Frederike bestimmt und erschaudert bei dem Gedanken wie es wäre, wenn sie das tote Kaninchen im Herbst mit der Kartoffelernte wieder ans Tageslicht brächte.

Nach einigem Hin und Her kommen sie zu dem Schluss, dass die beste Stelle wohl unter dem Zierrasen wäre: Da kann man gut ein Grab ausheben und niemand wird in den nächsten Jahren auf die Idee kommen, dort einen Baum zu pflanzen oder Kartoffeln anzubauen.

Frederike holt den Spaten aus der Garage und sticht damit ein Viereck aus dem Rasen. Die Grassode und die nachfolgende Erde legt sie auf eine Folie neben das Grab. Das Buddeln ist ganz schön anstrengend und Frederike kommt ins Schwitzen. Die Kinder stehen daneben und schauen zu.

Als das Loch tief genug ist – Frederike hat den Hinweis vom Tierarzt nicht vergessen – gehen sie auf die Terrasse. Dort liegt Snowy immer noch in der Transportbox. Frederike öffnet den Deckel. Snowy liegt da, lang ausgestreckt, auf der Seite. Das tote Auge blickt starr zum Himmel. Lukas schluchzt herzzerreißend und Anna weint still vor sich hin. Frederike nimmt das Kaninchen samt dem Handtuch, auf dem es liegt hoch und legt es vorsichtig in den Karton. Es ist schon ganz steif und weil es so lang ausgestreckt ist, passt es nicht gut hinein. Frederike muss ein bisschen an den steifen Beinen nachhelfen, dann geht es. Die Kinder bemerken das zum Glück nicht.

Sie nimmt den Karton in beide Hände und trägt ihn feierlich zum Grab. Die Kinder folgen ihr wie bei einer Prozession. Am Grab angekommen geht Frederike in die Knie und lässt den Sarg vorsichtig in das Erdloch hinabgleiten. Sie richtet sich wieder auf und steht nun mit gesenktem Kopf zwischen den Kindern, die ganz von alleine die Hände gefaltet haben.

»Du warst ein gutes Kaninchen«, sagt Frederike und wirft eine Rose ins Grab.

»Du wirst mir sehr fehlen«, sagt Anna, »ich werde dich nie vergessen«, und schluchzt auf.

»Ja«, weint Lukas, »und ich wünsche dir viele Freunde im Himmel zum Spielen und ganz viele Möhrchen.«

Die Kinder legen ihre Bilder und Gedichte auf das tote Kaninchen.

Nach einer Schweigeminute schütten sie das Grab langsam zu. Frederike setzt am Schluss die Grassode wieder ein, sie steht ein wenig über, aber Frederike traut sich nicht, sie richtig festzutreten. Dann gehen sie ins Haus zurück.

KAPITEL 5

»Mama, wie wollen wir jetzt eigentlich Black Beauty fangen?«, fragt Anna am Frühstückstisch.
Es ist inzwischen schon zwei Wochen her, dass die Häsin ausgebüxt ist und in dem Loch unter dem Schuppen der Nachbarin haust. Frederike macht sich allmählich Sorgen; zum einen, weil das lange Fell verfilzt – sie hat die Horrorgeschichte von Monika nicht vergessen, das Satinangorakaninchen in der Wildnis nicht überleben können weil ihr Haarkleid bis zur Unbeweglichkeit verfilzt und der Kreislauf kollabiert, und zum anderen, weil Kaninchen soziale Tiere sind, die unbedingt Kontakt zu anderen Kaninchen brauchen. Bobby fühlt sich bestimmt sehr einsam, obwohl Black Beauty ihn jede Nacht besuchen kommt, wie man anhand der Spuren, die sie hinterlässt, erkennen kann.

Bobby erholt sich prima von seiner Kastration. Nach zwei Tagen darf er wieder ins Rasengehege, was er sehr genießt. Aber jetzt ist er so groß, dass seine Ohren fast an die Abdeckplatten stoßen. Und richtig herumrennen kann er in dem kleinen Gehege auch nicht mehr. Nachdem Frederike gesehen hat, in welch eleganten Sprüngen Black Beauty über die nachbarliche Wiese gerast ist, kommt ihr dieses Gehege viel zu klein vor. Bei nächster Gelegenheit will sie mit Tobias den Bau eines größeren Geheges besprechen.

Für den heutigen Freitag sind Temperaturen bis über 30 Grad angekündigt. Frederike beschließt, Bobby tagsüber nicht der

Sonne im Gehege auszusetzen, sondern ihn lieber im schattigen Stall zu lassen. Sie gibt ihm sein gewohntes Futter, das er aber wohl wegen der Hitze kaum anrührt.

Abends, als es kühler wird, lässt sie ihn raus und er fängt direkt an zu grasen. Es ist ein friedlicher Anblick, den Frederike und Tobias in den gemütlichen Liegestühlen auf der Terrasse genießen. *Schade nur, dass Bobby alleine ist,* denkt Frederike. Bei der Gelegenheit erzählt sie Tobias von ihren Plänen bezüglich eines größeren Geheges. Sie beschreibt ihm, wie schön es ist, Kaninchen im vollen Lauf herumspringen zu sehen und dass das Gehege auf dem Rasen viel zu klein ist.

Tobias hört aufmerksam zu. »Und wie stellst du dir das neue Gehege vor?«

»Ich dachte, wir teilen an der Stelle, wo der Stall steht, ein Stück Garten ab. Da haben wir die Mauer zum Nachbarn im Rücken und müssen nur noch drei Seiten einzäunen. Ich dachte an dreimal fünf Meter. Oben geschlossen wegen der Katzen und Raubvögel, aber begehbar, damit ich zum Saubermachen nicht kriechen muss. So im Stil einer Vogelvoliere.«

»So groß? Warum zäunen wir nicht einfach den ganzen Garten ein und lassen die Kaninchen darin frei herumlaufen?«

»Das wäre natürlich noch besser. Ich befürchte aber, dass sie dann total verwildern und sich nicht mehr einfangen lassen für die Fellpflege. Und vor Katzen und Raubvögeln können wir sie so auch nicht schützen.«

»Hm, verstehe. Dann lass mich mal überlegen, wie ich das am besten machen kann …«

Als Frederike am nächsten Morgen die Rollläden im Wohnzimmer aufzieht, macht sie eine interessante Entdeckung: Da sitzt Black Beauty einfach so im Stall, als wäre es das Natürlichste auf der Welt, und lässt sich die Reste von Bobbys Futter schmecken! *Na warte, dich krieg ich*, denkt Frederike und öffnet leise die Terrassentür. Auf Zehenspitzen schleicht sie hinaus und nähert sich vorsichtig dem Stall. Als sie auf etwa fünf Meter herangekommen ist, dreht sich die Häsin um und sieht Frederike direkt ins Gesicht. Die erstarrt mitten in der Bewegung, nur ihr Herz schlägt ganz schnell. Wenige Sekunden verharrt Black Beauty ebenfalls bewegungslos, dann springt sie mit einem Satz aus dem Stall und hoppelt zielstrebig durch die Hecke in Nachbars Garten.

»So ein Mist – fast hätte ich sie gekriegt.« Frederike ist der Verzweiflung nahe. Da hat sie eine Idee: »Ich müsste die Stalltür aus sicherer Entfernung schließen können. Dann kann ich mich auf die Lauer legen und so Black Beauty einfangen …«

Sie geht in den Keller und kommt mit einer Rolle Bindfaden, einem Hammer und einer Krampe zurück. Die Krampe schlägt sie mit dem Hammer von innen in die hölzerne Rückwand des Kaninchenstalls. Dann nimmt sie das Ende des Bindfadens und fädelt es hindurch. Nun bindet sie das Ende am Maschendraht der großen Stalltür fest und geht mit der Rolle, die sie dabei stetig abwickelt, zurück zur Terrasse. Sie dreht einen Stuhl herum, sodass sie den Stall im Blick hat, setzt sich hinein und zieht ruckartig an der Schnur. Rumms, fliegt die Stalltür zu. Frederike lächelt zufrieden. »Jetzt hast du keine Chance mehr, Black Beauty.«

Beim Frühstück erzählt Tobias von seinen Plänen: »Ich habe mir Folgendes überlegt: Im Baumarkt gibt es diese dünnen mit Kunststoff überzogenen Rohre, die man für Tomatenpflanzen verwendet. Die kosten nicht viel und sind recht langlebig. Daraus schweiße ich ein Grundgerüst und überziehe es mit Katzennetz.«

»Katzennetz?« Die Kinder hören genauso gespannt zu wie Frederike.

»Ja, Katzennetz. Das wird von der Rolle verkauft und ist für Katzenhalter gedacht, die ihren Balkon sichern wollen, damit die Katze nicht herunterspringt.«

»Das hört sich ja ganz gut an, aber nagen Kaninchen solche Netze nicht im Nullkommanichts durch?«

»Hm, das kann sein. Dann müssen die unteren, sagen wir mal achtzig Zentimeter stabiler sein. Also doch Holz und Maschendraht? Verdammt, das wollte ich eigentlich nicht – ist zu teuer und macht viel Arbeit.«

»*Verdammt* sagt man nicht.«

»Ich habe da so Steckzäune aus lackiertem Metall gesehen, ganz einfache Ausführung. Vielleicht könnte man die ja nehmen?«

»Oh, das könnte gehen: Also den Grundriss mit Steckzaunelementen, darüber das Tomatenstangengerüst und dann alles mit Katzennetz abdichten.«

»Und wie komme ich rein?«

»Was?«

»Naja, wie ich ins Gehege komme, zum Saubermachen zum Beispiel. Ich brauche eine Tür! Ich kann ja schlecht jedes Mal das Gerüst anheben und drunter durchkriechen …«

»Eine Tür … an der Stelle dann kein Steckzaun. Die Tür baue ich auch aus Tomatenstangen und beziehe sie mit Maschendraht, dem beschichteten natürlich, es soll ja auch schön aussehen, ist ja schließlich unsere Wohnzimmeraussicht.«

Frederike putzt gerade das Küchenfenster, als Tobias aus dem Baumarkt zurückkommt. Der Kombi ist voll beladen mit grünen Stangen, einer Rolle Maschendraht und drei Paketen Zaunelemente. Frederike eilt hinunter und hilft ihm beim Ausladen.

»Ui, ist das viel, hast wohl den ganzen Baumarkt leergekauft, was?«

»Hm, und was das alles kostet! Hatten wir uns nicht für Kaninchen entschieden, weil uns ein Hund zu teuer war?«

»Ja, aber die Kaninchen geben doch auch Wolle! Die verdienen sich ja quasi ihren Unterhalt selbst. Denk an das Schultertuch, dass ich aus der Wolle stricken will.«

»Na, wenn das mal keine Milchmädchenrechnung ist. Für das Geld, das wir bisher für die Stallhasen ausgegeben haben, hätte ich dir auch ein Pashminatuch kaufen können – von Hermès!«

»Echt? Das sagst du jetzt? Als ich damals eins wollte, habe ich keins bekommen … Aber du hättest nicht so viel Spaß im Garten beim Basteln.«

»Und du nicht beim Kaninchenjagen. Außerdem: Ich bastle nicht, ich handwerke.«

»Apropos Kaninchenjagd: ich habe Black Beauty eine Falle gebaut. Ich denke, morgen ist sie wieder im Stall.«

»Na, da bin ich aber gespannt.«

Am Sonntagmorgen steht Frederike schon ganz früh auf. *Herrlich, diese Stille, wenn die anderen noch schlafen*, denkt sie und reckt sich. Dann geht sie in die Küche und macht sich einen Kaffee. Im Wohnzimmer ist es hell, denn sie hat gestern extra nicht die Rollläden heruntergelassen, damit sie Black Beauty nicht durchs Hochziehen verschreckt. Leise öffnet sie die Terrassentür und nimmt Platz in dem Stuhl, den sie sich gestern schon bereitgestellt hat. Bobby sitzt friedlich in seinem Gehege. Auf dem Rasen liegen überall grüne Stangen, die zu Eckelementen verschweißt wurden und nun grotesk in den Himmel zeigen. Von Black Beauty ist nichts zu sehen.

Frederike hüllt sich in eine Decke und umschließt den Kaffeebecher mit beiden Händen. So früh am Morgen ist es angenehm kühl. Bobby knabbert schon wieder am Gras. Plötzlich hebt er den Kopf und lauscht. Die gespitzten Ohren streifen die Abdeckmatte. Da kommt auch schon Black Beauty aus der Hecke hervorgehoppelt. In kurzen Sprüngen nähert sie sich dem Gehege. Als sie die Gestänge sieht, stutzt sie erst einmal. Doch dann hoppelt sie zielstrebig weiter zu Bobby. Er hoppelt ihr entgegen bis an den Zaun. Die beiden stecken die Nasen durch die Gitterstäbe und beschnuppern sich. Dann hoppeln sie Seite an Seite den Zaun entlang.

Ist das niedlich, denkt Frederike, die die beiden von ihrem Posten aus beobachtet. Doch nach ein paar Minuten verliert Black Beauty das Interesse an Bobby und widmet sich dem frischen Gras. *Nun mach schon.* Frederike wird langsam ungeduldig. *Bald wachen die Kinder auf, dann wird es unruhig und das Kaninchen geht weg*, denkt sie. Sie hat extra einen Napf mit

Haferflocken in den Stall gestellt, weil Black Beauty die so gerne mag.

In gemächlichem Zickzackkurs nähert sich die Häsin dem Stall und plötzlich – Frederike hatte schon nicht mehr dran geglaubt – hüpft sie hinein. Zack! – zieht Frederike an der Schnur und – Rumms! – fliegt die Stalltür zu. »Ja!« Frederike macht eine Beckerfaust. »Hab dich! Sie geht zum Stall und schließt den Riegel. Black Beauty schaut sie durch den Maschendraht an und kaut dabei weiter; sie hat sich gleich auf die Haferflocken gestürzt.

Gut gelaunt geht Frederike ins Haus zurück, um das Frühstück vorzubereiten. Bei Tisch ist sie dann der Star und muss genau erzählen, wie sie Black Beauty gefangen hat. Tobias fühlt sich nun doppelt motiviert, das große Gehege heute fertigzubauen. Die Kinder wollen lieber schwimmen gehen.

Frederike verhandelt mit ihnen: »Heute Mittag, wenn sich Black Beauty etwas ausgeruht hat, würde ich sie gerne auf eventuelle Verletzungen untersuchen. Außerdem ist die Wollernte bei ihr überfällig. Das arme Kaninchen – so viel Pelz bei den Temperaturen! Wenn ihr mir dabei helft, dann fahre ich danach mit euch ins Freibad. Deal?«

Zuerst maulen die Kinder ein wenig herum, doch dann sind sie einverstanden.

Wie sich herausstellt, hat Black Beauty eine Fellpflege bitternötig, nachdem sie über zwei Wochen in der *Wildnis* verbracht hat. Vor allem am Bauch und an den Seiten haben sich kleine Ästchen und andere Pflanzenteile in den langen Haaren verfangen und begonnen, zu verfilzen. Ansonsten ist das Kaninchen unverletzt. Frederike befreit sie von 64 Gramm Wolle, wovon sie aber über die Hälfte wegwerfen muss, weil sie verschmutzt oder verfilzt ist. *Schade*, denkt sie, denn die dunkle Wolle hat es ihr besonders angetan.

Black Beauty ist während der Pflegeprozedur längst nicht so geduldig wie ihre männlichen Artgenossen und Frederike ist froh, dass ihr die Kinder helfen. Doch zum Schwimmen kommen sie erst mal noch nicht, denn als sie Black Beauty wieder raustragen, nimmt Tobias sie gleich in Beschlag: Die Vorarbeiten sind erledigt, nun muss das Gehege aufgebaut werden und dafür braucht er viele helfende Hände. Der Metallzaun steckt schon in der Erde. Nun muss das Tomatenstangengerüst darüber installiert werden. Als das Gerüst endlich steht und an der Mauer festgeschraubt ist, werfen sie das Katzenschutznetz oben drüber und befestigen es am Zaun und am Gerüst.

»Jetzt muss ich nur noch die Tür bauen, das schaffe ich alleine. Viel Spaß beim Schwimmen!«

Die Kinder jubeln und Frederike packt noch schnell die Badetasche; dann geht es los.

Als sie vom Schwimmen zurückkommen, ist das Gehege fertig. Es nimmt etwa ein Drittel des Rasens ein.

Stolz präsentiert Tobias seine selbst gebaute Tür: »Schaut mal, die Tür geht nach innen und außen auf. Hier ist der Riegel, den könnt ihr von innen und außen bedienen. Wenn ihr ins Gehege hineingeht, müsst ihr erst zumachen, sonst laufen die Kaninchen weg.«

Alle bewundern das schöne Gehege und Lukas versucht, ob er den Riegel auf- und zubekommt.

»Dann können wir ja jetzt die beiden Kaninchen zusammenführen und in ihr neues Heim entlassen«, sagt Frederike.

»Oh ja, ins Kaninchenparadies«, schwärmt Anna und läuft los zum kleinen Gehege, wo sie die Abdeckplatten abnimmt und Bobby hochhebt.

»Das kleine Rasengehege kann dann wohl weg«, meint Frederike.

»Schade, dann muss ich demnächst ja wieder Rasen mähen« Tobias Blick wandert über die restliche Rasenfläche, die im Laufe des Sommers ein treppenartiges Muster angenommen hatte: Die Kaninchen brauchten ein bis zwei Tage, um die zwei Quadratmeter Rasen unter dem Drahtverhau raspelkurz abzufressen. Dann wurde er weitergeschoben und die nächsten zwei Quadratmeter waren dran – und so weiter und so weiter. So entstanden viele quaderähnliche Rasenstücke mit ansteigender einheitlicher Grashöhe, wie eine Treppe.

»Das kann unserem Garten nur guttun«, meinte Frederike, deren Augen Tobias Blicken folgten. »Ich glaube schon, dass fünfzehn Quadratmeter Rasen für zwei Kaninchen zum Fressen ausreichen, zumindest in den warmen Jahreszeiten.«

»Oh toll!«, freut sich Lukas, »dann muss ich nicht mehr auf die Wiese gehen und für die Kaninchen Gras pflücken!«

Anna setzt Bobby ins Gehege und macht die Stalltür für Black Beauty auf, die sofort herausspringt. Die ganze Familie beobachtet, wie die beiden Kaninchen aufeinander zu hoppeln, sich beschnuppern und sich dann der neuen Umgebung zuwenden.

»Jetzt haben es unsere Satinangoras richtig gut«, meint Frederike.

»Ja«, sagt Tobias, »besser kann man es nicht machen, die sehen richtig glücklich aus.« Er nimmt seine Frau in den Arm.

»Wann gibt es Abendessen?«, fragt Lukas, »ich habe Hunger.«

»Jetzt« lächelt Frederike und alle gehen ins Haus.

KAPITEL 6

Am nächsten Morgen, als Frederike zum Gehege geht, um die Kaninchen zu füttern, staunt sie nicht schlecht: Bobby und Black Beauty haben ganze Arbeit geleistet; innerhalb einer Nacht haben sie ihr neues Zuhause nach ihren eigenen Vorstellungen eingerichtet und den ehemals ebenen grünen Rasen in eine lehmgelbe Hügellandschaft verwandelt! Zum Glück lässt sich die Gehegetür auch nach außen öffnen, nach innen geht sie nicht auf, weil davor so viel Lehmboden liegt. Als Frederike das Gehege betritt sieht sie, dass die Kaninchen ein Loch gegraben haben, in dem sie beide problemlos verschwinden können. *Oje*, denkt sie, *da werden wir wohl auch weiterhin frisches Grünzeug beschaffen müssen, in dieser Mondlandschaft wächst jedenfalls kein Gras mehr.*

Als sie abends Tobias davon erzählt, muss der erst mal lachen. Dann gehen sie zusammen raus in den Garten, weil er sich das Ergebnis der beiden *Landschaftsgärtner* ansehen will. Als die Kaninchen die beiden kommen sehen, klopft Bobby zur Warnung mit den Hinterbeinen und dann verschwinden sie blitzschnell in ihrer Höhle.

»Meinst du, du kriegst die jemals wieder eingefangen?«, fragt Tobias seine Frau.

»Ach herrje, daran habe ich noch gar nicht gedacht. Ich muss sie ja regelmäßig einfangen für die Fellpflege!«

»Wir könnten das Loch zuschütten, alles wieder einebnen und dann Maschendraht auslegen, damit sie nicht mehr graben können.«

»Hm«, macht Frederike, »eigentlich finde ich es toll, dass sie so artgerecht mit Höhle wohnen können. Ich muss mir nur etwas einfallen lassen, wie ich sie zähmen kann ...«

Und dann hat sie eine Idee: Sie wird das Lieblingsfutter der Kaninchen –Kräuterpellets gemischt mit Haferflocken, die sie jeden Morgen bekommen, um das Fellwachstum zu unterstützen – immer im Stall servieren. Auf dieses Futter sind die beiden Satinangoras so scharf, dass sie freiwillig und voller Erwartungsfreude in den Stall hüpfen, wenn sie Frederike schon von Weitem mit den Tüten rascheln hören. Während die beiden dann friedlich ihr Futter mümmeln, kann Frederike einfach die Stalltür schließen und dann bequem jedes Tier einzeln zur Fellpflege herausnehmen.

»Das ist auf jeden Fall die bessere Lösung und erspart mir viel Arbeit«, freut sich Tobias.

***

Heute ist Frederike sehr aufgeregt, denn sie ist gerade auf dem Weg zur VHS, wo die nächsten beiden Tage ihr Spinnkurs stattfindet. Tobias reagierte zwar erst ein wenig säuerlich, als er erfuhr, dass er Samstag *und* Sonntag mit den Kindern auf sich allein gestellt ist, hat aber dann nachgegeben und ihr sogar viel Spaß gewünscht.

Irgendwie hat sich Frederike die Kursleiterin als Typ *Oma vom Bauernhof* vorgestellt und ist sehr überrascht, als sich eine junge moderne Frau vorstellt, die mit beiden Beinen im Leben zu stehen scheint: »Guten Morgen, ich bin Doris und in meinem ersten Leben Unternehmensberaterin und viel unterwegs. In meinem zweiten Leben bin ich wollsüchtig und spinne.« Sie lacht und alle Kursteilnehmerinnen – es ist kein Mann dabei – stimmen mit ein.

Doris macht erst einmal eine Einführung und erklärt, welche Materialien alle versponnen werden können. Die Bandbreite ist riesig: Wolle von unterschiedlichen Tieren wie Schafen, Kamelen, Ziegen, Lamas, aber auch Seide, Maulbeerfasern, oder Kunststoffe wie Acryl. Bei Schafwolle geht sie mehr ins Detail und erzählt von über 50 Schafrassen, die alle unterschiedliche Wolle haben. Frederike ist beeindruckt. Zur Anschauung hat Doris etwa 20 Tüten mit verschiedenen Wollarten und -sorten mitgebracht. Jede Teilnehmerin darf mal hineinsehen und fühlen.

Dann geht es zum praktischen Teil über und die Spinnräder werden verteilt. Erstaunt bemerkt Frederike, dass diese Spinnräder überhaupt nicht so aussehen, wie die, die manchmal in ländlichen Lokalen zu Dekozwecken herumstehen. Nein, diese Spinnräder sehen hochmodern aus, mit einer Holzscheibe als Schwungrad.

Von der Wolle am Tier bis zum fertigen Pullover sei es ein langer Weg, erklärt Doris und beschreibt, wie das geschorene Vlies erst einmal gewaschen und dann weiter verarbeitet werden muss. Das saubere Vlies wird *kardiert*, also gebürstet. Dabei werden alle Haare in eine Richtung sortiert. Wer es noch feiner mag, kämmt die Haare und sortiert dabei die kurzen aus, denn Haare, die 5 – 8 cm lang sind, lassen sich am einfachsten verspinnen. Das nennt man dann einen *Kammzug*.

Doris zieht aus einem durchsichtigen Plastikbeutel einen weißen Strang, der Frederike an ihre Endloswatte im Badezimmer erinnert. »Das ist ein Kammzug vom Merinoschaf. Der ist ideal zum Üben«, erklärt Doris und verteilt an jede Kursteilnehmerin ein Stück von der Wolle.

Aber bevor es losgeht, müssen alle erst einmal das regelmäßige Treten am Spinnrad üben. Dann zeigt Doris ihnen, wie sie einen Anfang an die Spule bekommen und das eigentliche Spinnen.

Was bei der Kursleiterin so einfach aussieht und zu perfekten, dünnen und gleichmäßigen Fäden führt, erzeugt bei den Kursteilnehmerinnen erst einmal nur wurstähnliche Gebilde, die schnell *schwangere Regenwürmer* getauft werden. Auch Frederike verzweifelt fast, als ihr immer wieder der Faden reißt. Doch Doris ist eine geduldige Lehrerin, die immer wieder helfend eingreift.

Abends, als der erste Kurstag zu Ende geht, haben alle Teilnehmerinnen die Grundtechnik des Spinnens erlernt. Frederike ist fix und fertig aber sehr zufrieden mit sich und freut sich auf den morgigen Tag.

Am nächsten Tag hat Frederike von ihren Kaninchen eine Wollprobe dabei. Doris ist begeistert: Sie kannte zwar Angorawolle, doch von Satinangoras hatte sie noch nie gehört. Ihr fällt gleich der Glanz auf. Sie meint aber auch, dass die Haare zum Teil recht kurz und glitschig seien und nur etwas für Fortgeschrittene, denn die Wolle wäre so warm, die müsse man ganz dünn verspinnen, fast wie Lace-Garn. Sie nimmt sich eine

Handvoll Wolle von Snowy und beginnt, sie mit einer Handspindel in einen dünnen Faden zu verwandeln. Fasziniert schaut Frederike dabei zu.

»Diese Handspindel habe ich immer im Gepäck, wenn ich geschäftlich verreise. Wenn ich dann am Flughafen warten muss, packe ich die Spindel aus und spinne. Das ist echt toll, die Leute bleiben stehen und oft entwickeln sich dann interessante Gespräche.«

Als der Faden etwa einen Meter lang ist, hält Doris die beiden Enden aneinander. Durch den Drall wickelt sich der Faden von selbst zu einer Kordel – *verzwirnen* nennt sie das. Auch jetzt ist der Faden immer noch so dünn, dass man ihn nur mit einer Stricknadel der Stärke 1 oder 2 verstricken kann. *Pullover ade*, denkt Frederike, *das ist mir dann doch zu viel Arbeit.*

Aber Doris hat eine Idee:»Ich würde die Wolle mischen – achtzig Prozent Merino und zwanzig Prozent Satinangora. Das lässt sich viel leichter verspinnen und der Faden darf auch dicker werden, weil Merino nicht so warm ist wie Angora. Wenn du weißes Merino nimmst, kommt auch die Farbe von deinen Kaninchen gut zur Geltung.«

»Aber wie mischt man denn Wolle?«, fragt Frederike zaghaft.

»Das zeige ich dir. Ich habe heute meine Kardiermaschine mitgebracht, die kannst du gleich mal ausprobieren.«

Sie führt Frederike an ein kassettenähnliches Gerät mit einer stacheligen Walze und einer Kurbel daran. Doris dreht mit der Kurbel die Walze und hält mit der anderen Hand ein Stück Merinokammzug darüber. Die Stacheln der Walze nehmen die Haare auf und es bildet sich ein Vlies rund um die Walze – fast wie Zuckerwatte. Doris kurbelt weiter und nimmt nun eine Handvoll roter Satinangorawolle von Bobby und lässt sie von den Stacheln aufnehmen. Als alle Haare auf der Walze sind, stoppt sie die Kurbelei und nimmt einen spitzen Stab. Mit dem nimmt sie die Wolle von der Walze herunter und hat ein Vlies in der Hand. Das zerrupft sie in viele kleine Stücke. »Jetzt bist du dran«, sagt sie zu Frederike und übergibt ihr die Vliesstücke.

Frederike beginnt zu kurbeln und verteilt die Stücke wieder auf der Walze.

»Das musst du noch zweimal wiederholen, damit sich die beiden Wollsorten homogen vermischen«, erklärt Doris und wendet sich den anderen Kursteilnehmerinnen zu.

Als Frederike fertig ist, hat sie ein wunderbar weiches golden schimmerndes Vlies in Händen. *Wow*, denkt sie, *daraus einen warmen Pullover für Lukas oder ein Schultertuch für mich!* Hoch motiviert setzt sie sich ans Spinnrad und abends, als der Kurs zu Ende ist, hat sie schon einen recht ansehnlichen Faden gesponnen.

»Der Rest ist reine Übung«, meint Doris und wünscht ihr viel Glück.

Abends erzählt sie Tobias vom Kurs und zeigt stolz ihre Ergebnisse. Jetzt kann sie erstmal das Merino-Bobby-Vlies verspinnen. Die VHS verleiht Spinnräder an Kursteilnehmer auf Wochenbasis und da hat sie sich gleich eins mitgebracht. Aber zu Weihnachten wünscht sie sich ein eigenes Spinnrad und eine Kardiermaschine zum Geburtstag.

Frederike geht voll in ihrem neuen Hobby auf. Da es jetzt langsam Herbst wird und die Abende zu kalt sind, um sie auf der Terrasse zu verbringen, kann sie es kaum erwarten, dass die Hausarbeiten erledigt sind und sie sich an ihr Spinnrad setzen kann. Spinnen findet sie sehr entspannend, fast schon meditativ. Wenn man erst einmal eine gewisse Geschicklichkeit erlangt hat, geht es wie von selbst. Der Körper ist beschäftigt und der Geist kann auf Reisen gehen.

»Hallo mein Schatz!« Tobias kommt von der Arbeit nach Hause. »Du drehst ja schon wieder am Rad.«

»Oh, ist es schon so spät?« Frederike unterbricht ihre Arbeit. »Dann mache ich mal schnell Abendbrot.«

»Wo sind denn die Kinder?«

»Weiß ich nicht. In ihren Zimmern, denke ich.«

Frederike hatte sich nachmittags ans Spinnrad gesetzt und die Zeit völlig vergessen. Sie hat auch viel geschafft, das Merino-Bobby-Vlies ist schon fast versponnen. Der Faden wird am Ende etwa 400 Meter ergeben, das reicht vielleicht für eine Mütze, aber nicht für ein Schultertuch oder einen Pullover. Sie braucht unbedingt Nachschub! Bobbys Fell muss aber bestimmt noch einen Monat wachsen, bis es reif für die *Ernte* ist. Sie würde auch gerne von den anderen Satinangoras die Haare verspinnen, doch dazu benötigt sie erst einmal eine Kardiermaschine, um sie mit Merinowolle zu vermischen. Sie muss unbedingt noch mal mit Tobias reden …

Abends surft Frederike durchs Internet, auf der Suche nach Spinnrädern und Kardiermaschinen. Zunächst einmal ist sie überrascht, dass es doch eine recht große Community an Frauen gibt, die dieses Hobby teilen. Es gibt interessante Foren, in denen sie sich über alles rund um das Thema *Wolle* informieren kann: Wolle waschen, kardieren, färben, spinnen, stricken, häkeln, filzen … Aber auch über die Haltung von Wolltieren aller Art: Schafe, Ziegen, Alpakas, Angorakaninchen … Manchmal werden auch Tiere angeboten. Es wird auch heftig über die Vorzüge und Nachteile der verschiedenen Hersteller von Spinnrädern, Kadiermaschinen und sonstigem Zubehör diskutiert. Lustig findet Frederike, dass Spinnräder immer wieder als *Herdentiere* bezeichnet werden: wo eins ist, fänden sich im Laufe der Zeit immer mehr ein. Und tatsächlich ist der Markt für gebrauchte Spinnräder sehr dünn. Kardiermaschinen gibt es fast gar nicht. Frederike staunt auch über die Preise: Den Wollmischer gibt es ab 300 Euro, für Spinnräder kann man weit über 1.000 Euro bezahlen – für ein Luxusmodell in Mahagoniausführung. Ein Hersteller gibt eine Lieferzeit von 18 Monaten an. *Da könnte ich ja direkt bestellen und habe dann eineinhalb Jahre Zeit zum Sparen,* denkt Frederike. Es gibt sogar ein Reisespinnrad, zusammenklappbar mit Rollkoffer.

Jetzt kommt sie ins Grübeln: *Wenn das alles so viel Geld kostet, muss ich damit auch etwas verdienen – sonst macht Tobias da nicht mit … Vielleicht kann ich Satinangoras züchten: Jungtiere verkaufen und von den Älteren die Wolle?*

Sie denkt noch eine Weile über ihre Idee nach und bestellt sich dann bei Amazon ein Buch über die Farbvererbung bei Kaninchen.

Tobias ist von der Idee überhaupt nicht begeistert: »Noch mehr Kaninchen? Du schaffst doch jetzt schon kaum deinen Alltag: die Kinder, das Haus, der Garten. Woher willst du die Zeit nehmen?«

»Ach, so viel mehr Arbeit ist das doch gar nicht – ob ich ein Tier füttere und miste oder zehn. Außerdem kann ich die Kinder mehr mit einbeziehen, die finden die Idee nämlich toll und wollen gerne helfen. Und zur Not verzichte ich abends aufs Fernsehen.«

»Aha. Und wie viele Gehege soll ich noch bauen?«

»Gar keins mehr. Ich denke, unseres ist groß genug. Da kann man locker zehn Kaninchen drin halten.«

»Zehn Kaninchen? Bist du wahnsinnig? So viele?«

»Nein, so viele will ich gar nicht. Ich dachte, ich kaufe noch einen Zuchtrammler für Black Beauty. Der Nachwuchs von den beiden wird dann mit acht Wochen verkauft. Und wenn eins übrig bleiben sollte, das ich nicht loswerde, haben wir genug Platz im Gehege und ich kann seine Wolle verkaufen – damit verdient es sich praktisch sein Futter selbst.«

»Also gut, das ist ja nicht so schlimm, wie ich anfangs dachte. Dann halte mal Ausschau nach einem geeigneten Zuchtrammler.«

KAPITEL 7

Heute soll er kommen, der lang ersehnte Zuchtrammler. Frederike ist ganz aufgeregt. Sie hat alle Termine für heute abgesagt und wartet auf den Tiertransporteur, der zwischen acht und zwölf Uhr eintreffen will. Es ist inzwischen halb elf und sie traut sich nicht aus dem Haus, damit sie die Lieferung nicht verpasst.

Endlich – um 11.50 Uhr sieht sie vom Küchenfenster aus einen kleinen Lieferwagen vor dem Haus halten. Sie eilt zur Tür und öffnet, bevor der Mann mit dem Transportkorb in der Hand klingeln kann. Die Formalitäten sind schnell erledigt und bald schon trägt sie die Box in die Küche. Sie öffnet den Deckel und zum Vorschein kommt ein wunderschönes kupferfarbenes Kaninchen: Copper. Der kleine Held ist drei Monate alt und noch nicht ausgewachsen, hat aber jetzt schon eine stattliche Größe. Neugierig schnuppernd betrachtet er seine neue Umgebung. Die Reise scheint ihm nichts ausgemacht zu haben.

Copper kommt aus der Schweiz. Leider gab es keinen Transporteur, der Kaninchen von der Schweiz nach Deutschland verschickt und Frederike wollte nicht extra in die Schweiz fahren, nur um ein Kaninchen abzuholen – auch wenn es sich dabei um den Stammvater ihrer angehenden Satinangorazucht handelt. Zum Glück gab es noch eine Interessentin aus dem Münchener Raum, die den Bruder von Copper gekauft hat. Ihr war der Weg in die Schweiz nicht zu weit. Sie hatte dann beide Tiere abgeholt und den Transport von München nach Köln organisiert.

Frederike hatte sich für Copper entschieden, weil er farbgenetisch so interessant ist. Jetzt, nachdem sie sich den ganzen Winter über mit dem Thema beschäftigt hat, weiß sie, dass er und Black Beauty, obwohl sie nur schwarz und wildfarben sind, jede Menge andere Farben vererben können: weiße, rote … Frederike hat immer gedacht, dass ein schwarzes mit einem weißen Kaninchen nur graue oder gescheckte Nachkommen erzeugen könne. Doch jetzt, wo sie das Thema durchdrungen hat, ist sie fasziniert: Sie hat die Züchter ihrer Kaninchen angerufen und nach den Farben der Eltern und Geschwister gefragt und mithilfe dieser Informationen die Gencodes von Black Beauty und Copper bestimmt. Nun kann sie die Wahrscheinlichkeiten für bestimmte Farben beim Nachwuchs berechnen. Jetzt versteht sie auch, warum der Markt voller wildfarbener und roter Kaninchen ist, alle anderen Farben aber selten. Die meisten selbst ernannten *Züchter* sind eben doch nur Vermehrer, die wahllos Kaninchen miteinander verpaaren, in der Hoffnung, dass etwas Besonderes dabei herauskommt. Frederike fühlt sich durch ihren Wissensvorsprung gut gewappnet gegen die Konkurrenz auf dem Jungtiermarkt.

Da Copper gesund und fit wirkt, trägt Frederike ihn hinaus in den Garten und setzt ihn zu den beiden anderen Kaninchen ins Gehege. *Der hat bestimmt noch Welpenschutz* denkt sie und macht es sich in ihrem Lieblingsstuhl auf der Terrasse bequem.

Copper sitzt mitten im Gehege und versucht sich durch Schnuppern in der fremden Umgebung zu orientieren, als Black Beauty den neuen Mitbewohner entdeckt. Sie hoppelt vorsichtig auf ihn zu. Dann stecken beide frontal die Nasen zusammen – es sieht aus wie ein Begrüßungsritual. Doch plötzlich schießt Bobby wie ein roter Blitz dazwischen und trennt die beiden. Er jagt Black Beauty in die hinterste Ecke und beginnt Copper zu verfolgen. Der flieht in wildem Zickzackkurs durchs Gehege und sucht nach einer Möglichkeit sich zu verstecken. Black Beauty kauert in der Ecke und beobachtet die Jagd. Immer wenn Bobby Copper erwischt, beißt er ihn von hinten in den Rücken und hat anschließend jedes Mal ein ganzes Büschel Haare im Maul.

Frederike ist entsetzt. Sie springt auf und geht ins Gehege, um die beiden Streithähne zu trennen. Das ist gar nicht so einfach. Mit einem beherzten Sprung, der eines Torwarts würdig wäre, kriegt sie Bobby im Nacken zu packen. Der dreht gleich den Kopf und beißt sie im Affekt in die Hand, aber Frederike lässt nicht los.

Was nun?, fragt sie sich und sperrt den Angreifer erst einmal in den Stall, um Zeit zum Nachdenken zu bekommen. Black Beauty und Copper sitzen immer noch starr vor Angst an ihrem Platz und rühren sich nicht von der Stelle. Aber die beiden scheinen friedlich zu sein.

Abends erzählt Frederike Tobias den Vorfall. »So ein Mist. Ich dachte, die drei würden sich verstehen: Bobby ist doch kastriert! Dass der so eifersüchtig reagiert, und dann noch auf so einen jungen Rammler – Copper ist doch noch ein Kind! Ich verstehe das nicht …«

»Hm, dann müssen wir Bobby wohl abgeben …«

»Wie bitte? Das meinst du doch jetzt wohl nicht im Ernst? Das kannst du Lukas doch nicht antun! Der liebt dieses Kaninchen!«

»Was sollen wir denn sonst tun? Hast du eine Idee?«

»Vielleicht können wir das Gehege teilen, es ist ja schließlich groß genug. So können wir die Männchen trennen und Black Beauty wohnt mal bei dem einen und mal bei dem anderen. Und wenn sie Junge bekommt und ein hübsches Weibchen darunter ist, behalten wir das. Dann haben wir zwei Pärchen und kein Hase ist allein.«

»Okay, habe verstanden. Ich teile nächstes Wochenende das Gehege.«

»Und ich fahre schon mal in die Tierhandlung und kaufe einen weiteren Stall, denn Copper braucht ja auch einen Schlafplatz.«

Den nächsten Samstagnachmittag verbringt Tobias damit, das Gehege abzuteilen. Als er fertig ist und Frederike den neuen Stall für Copper aufgestellt und schön hergerichtet hat, lassen sie Bobby wieder frei. Der macht eine kurze Bestandsaufnahme in seinem Gehegeteil und jagt Black Beauty wieder in die hinterste Ecke. Dann beginnt er, am Trenngitter wie wild hin und her zu laufen. Copper verfolgt das Schauspiel von der anderen Seite mit ängstlichem Blick. Und mit einem Mal – hopp – ist Bobby mit einem mächtigen Satz über das Trenngitter gesprungen und jagt Copper rund um den neuen Stall herum. Wieder fliegen Haarbüschel, bis Frederike die beiden trennen kann. Bobby kommt in den alten Stall zurück und Tobias fährt erneut in den Baumarkt, um eine Erhöhung für das Trenngitter zu besorgen.

Es ist schon Abend, als die Erhöhung steht und einem *Bobbytest* unterzogen werden kann. Wieder scheucht er Black Beauty, die sich durch den Zaun inzwischen mit Copper angefreundet hat, in die hinterste Ecke und beginnt wie wild am Trenngitter hin und her zu laufen. Er versucht auch, oben drüberzuspringen, doch nun ist das Gitter hoch genug.

Müde aber erleichtert gehen Tobias und Frederike ins Haus.

Am nächsten Morgen hat die Erhöhung immer noch standgehalten, obwohl Bobby, den Kratzspuren nach zu urteilen, mehrfach versucht haben muss drüberzuspringen. Doch dann hat er wohl versucht, sich unten durchzugraben. Dicht am Trennzaun ist über Nacht ein großes Loch entstanden, in dem locker ein Kaninchen verschwinden kann. Davor ist ein großer Erdhügel aus frischem Lehm. Frederike holt eine Schaufel und schüttet das Loch wieder zu. Dann holt sie eine große Steinplatte und legt sie auf das Loch. Bobby beobachtet sie die ganze Zeit dabei.

Nach etwa drei Wochen entspannt sich die Lage. Irgendwann hat es Bobby doch geschafft, einen Tunnel zu graben. Die beiden Männchen gehen sich aus dem Weg, aber die Jagerei hat aufgehört. Frederike hat das Gehege umgestaltet und mehr Versteckmöglichkeiten geschaffen: Unter dem hochbeinigen alten Stall lagern Säcke mit Heu und Stroh, zwischen denen sich die Kaninchen verstecken können. Neben dem Stall steht die Futtertonne, dort können sie auch herumlaufen. Den neuen Stall von kompakter Bauart hat sie extra nicht in die Ecke geschoben, sondern so platziert, dass die Kaninchen auch drum herumlaufen können. Und als es nach einer Woche Dauerregen total matschig im Gehege ist, baute Frederike aus zwei Holzpaletten eine Terrasse für die Hasen. So können sie zwar nicht unbedingt im Trockenen, aber wenigstens sauber sitzen. Bei Regen bleiben sie aber meistens freiwillig den ganzen Tag über in den Ställen.

KAPITEL 8

Der Winter kommt. Frederike ist froh, dass sie die Kaninchen vom Wohnzimmer aus sehen kann und nicht jedes Mal in die Kälte muss, um nach dem Rechten zu sehen. Copper wuchs zu einem stattlichen Rammler heran. Nur Nachwuchs stellte sich bislang noch nicht ein. Stattdessen schneit es. Ununterbrochen. Immer mehr Schnee fällt vom Himmel und bleibt liegen. Die Temperaturen liegen wochenlang unter null Grad, was sehr ungewöhnlich ist für das Rheinland. Obwohl das *Dach* des Geheges nur aus einem Katzennetz besteht, lagert sich auch hier der Schnee an und wächst bis zu einer 20 Zentimeter dicken Schicht. Anfangs schlägt Frederike den Schnee noch mit einem Besen aus dem Netz, aber bald schon geht das auch nicht mehr, die Schneedecke ist zu dick. Das Gehege wirkt in dieser Zeit höhlenartig und auch recht dunkel.

Den Satinangoras macht die Kälte überhaupt nichts aus, sie hoppeln unverdrossen durch den Schnee und sind mit ihrem dichten warmen Fell bestens geschützt. Natürlich verzichtet Frederike in dieser Zeit wenn irgend möglich auf die *Ernte* oder wartete zumindest, bis die unteren Haare zwei bis drei Zentimeter lang sind.

Als dann mit dem Einzug des Frühlings endlich die Schneemassen hinweg schmelzen staunt das Ehepaar Bergmann nicht schlecht: Das ganze Dachgestänge des Geheges hat sich unter der fortwährenden Schneelast verbogen und auch das Netz ist ganz schön ausgeleiert: dort, wo es ehemals straff gespannt war, hängt es nun in labberigen Beulen herunter.

»Sorry«, kommentiert Tobias den nunmehr windschiefen Drahtverhau, »eine Schneelast hatte ich bei der Konstruktion nicht berücksichtigt. Da werde ich im Sommer wohl noch mal ein neues Gehege bauen müssen …«

***

Endlich ist der Winter vorbei! Mit den Ostertagen kommt die Sonne wieder ins Land und strahlt von einem blauen Himmel herunter. Überall leuchten die gelben Löwenzahnblumen, über die sich auch die Kaninchen sehr freuen. Sogar das Gehege sieht im Sonnenschein weniger windschief aus. Nur eins versteht Frederike nicht: Es will sich einfach kein Nachwuchs bei den Kaninchen einstellen. Dabei ist Copper jetzt fast ein Jahr alt …

»Vielleicht haben sie ja Junge in der Höhle«, meint Tobias.

»Aber die müssten ja auch irgendwann einmal ans Tageslicht kommen.« Frederike hat viele Stunden am Wohnzimmerfenster auf der Lauer gelegen und das Gehege beobachtet. Sie ist sich ganz sicher, dass da nichts ist.

Auch hat Black Beauty niemals schwanger gewirkt. Frederike kann sich noch gut an ihre eigenen Schwangerschaften erinnern, wie sie mit jedem Monat unförmiger und unbeweglicher geworden war. Black Beauty dagegen flitzte den ganzen Winter über behände durch ihren Auslauf, von Trägheit keine Spur.

Manchmal schien es, als hätte sie sich Haare an der Seite ausgerissen, aber sicher war sich Frederike nicht.

»Wie lange dauert denn die Tragzeit von Kaninchen überhaupt?«, will Tobias wissen.

»Ungefähr einen Monat.«

»Und wenn wir Black Beauty einfach mal für einen Monat in
den Stall sperren? Dann müsste sie die Babys dort kriegen,
falls sie tragend ist.«

»Aber was ist, wenn sie doch Junge in der Höhle hat? Die sterben dann doch …«

»Lass uns Black Beauty doch mal einfangen und untersuchen.
Wenn sie Junge hat, müssten wir das doch am Gesäuge sehen
können, oder?«

»Okay, dann fange ich sie bei der nächsten Fütterung ein.«

Wie jedes Mal, wenn die Kaninchen Frederike mit dem Napf
kommen sehen, hüpfen alle drei in den Stall, als sie Frederike
am nächsten Morgen kommen sehen. Sie gibt ihnen das Futter
und schließt die Stalltür.

Nach einer Stunde haben sie alles aufgefressen. Frederike ent-
lässt die beiden Männchen ins Gehege, hält aber Black Beauty
im Nackenfell fest und trägt sie ins Haus. Auf dem Küchentisch untersucht sie das schwarze Kaninchen: glänzendes Fell,
die Augen blank und lebhaft, der Bauch weich, die Zitzen nor-
mal. Dann wiegt sie sie und siehe da: seit dem letzten Mal hat
Black Beauty 200 Gramm zugenommen – ob das etwas zu be-
deuten hat? *Vielleicht ist die Idee, Black Beauty ein paar Tage
im Stall zu behalten, doch nicht so verkehrt,* denkt Frederike

und bringt sie wieder hinaus. *Aber dann sollte ich auch für den Ernstfall gewappnet sein.* Sie beschließt, den Stall heute gründlich zu säubern und mit extra viel Stroh auszulegen. Sie holt Black Beauty wieder aus dem Stall heraus und setzt sie in das alte Rasengehege – für eine halbe Stunde wird es wohl gehen.

Als Frederike abends nach den Kaninchen sieht, macht die sonst so freiheitsliebende Black Beauty einen erstaunlich friedlichen Eindruck. Sie hat sich im Stroh eine Kuhle geschaffen, in der sie mit gespitzten Ohren liegt und ihre Umwelt aufmerksam beobachtet. Kein unruhiges Herumhoppeln und Schnäuzchen durch den Maschendraht pressen wie sonst, wenn sie mal eingesperrt ist. Die beiden Männchen beobachten die Häsin aus der Ferne und kommen ab und zu mal vorbei, um nach ihr zu sehen. Dazu stellen sie sich auf die Hinterbeine und stützen sich mit den Vorderpfoten an der Stalltür ab. *Wie niedlich*, denkt Frederike, *als wenn sie besorgt wären.*

Am nächsten Morgen entdeckt Frederike dann ein Nest in Black Beautys Stall! Die Häsin ist über Nacht fleißig gewesen und hat hinten links in der Ecke eine Mulde in die Späneschicht gegraben und dann aus Heu und Stroh ein Nest hineingebaut, das sie mit ihrer eigenen Wolle weich ausgepolstert hat. Frederike kann deutlich an den Seiten des Satinangoras sehen, wo sie sich die Haare ausgerissen hat.
»Jetzt geht es los – wir bekommen Babys!«, freut sie sich und füttert beglückt ihre Schützlinge.

Noch zwei Tage lang spannt die Häsin Frederike auf die Folter. Am dritten Tage nach dem Nestbau ist es dann endlich so weit: Schon von Weitem hört Frederike ein ganz leises Fiepen, als sie sich dem Gehege nähert. Sie kann ihr Glück kaum fassen, als sie einen Blick in den Stall wirft und im Nest fünf kleine Kaninchenbabys vorfindet. Alle nackt, mit geschlossenen Augen und Ohren, drei Helle und zwei Dunkle. Black Beauty macht einen entspannten Eindruck und genießt die Leckerbissen, die ihr Frederike mitgebracht hat. Sie füttert noch die Männchen, beglückwünscht Copper zur Vaterschaft und setzt sich dann mit einem Buch auf die Terrasse, um noch einmal alles über Kaninchenaufzucht nachzulesen.

Sie liest, dass Häsinnen meistens in aller Heimlichkeit gebären und das auch gut alleine hinkriegen. Bei den Wildkaninchen geht der Rammler mit in die Höhle – und deckt das Weibchen direkt nach der Geburt wieder. *Wie schrecklich!*, denkt Frederike, *so eine Doppelbelastung – gleichzeitig stillen und schwanger sein!* Viele Züchter empfehlen, die Babys ab dem ersten Tag täglich zu wiegen, manche nehmen auch das gesamte Nest heraus und wiegen alle zusammen. Man solle auch das Nest nach eventuellen Totgeburten absuchen. Manche Babys verheddern sich in der Nestwolle mit ihren Beinchen, sodass die Gliedmaßen absterben. Und es käme gar nicht so selten vor, dass eine gestresste Häsin alle ihre Jungen selbst auffrisst.

Frederike lässt das Buch sinken: »Was für Horrorgeschichten!« Sie überlegt und entscheidet dann, morgen Bobby und Copper abzutrennen und Black Beauty aus dem Stall zu lassen. Die möchte ja bestimmt mal raus und sich die Beine vertreten.

Dann hat sie auch keinen Stress und die Kleinen sind sicher. Und wenn Black Beauty aus dem Stall ist, kann Frederike vielleicht einmal die Kleinen ansehen, jedes vorsichtig anheben, um sicherzustellen, dass sich da keiner verheddert hat und nach eventuellen Totgeburten Ausschau halten will sie auch, um diese dann gegebenenfalls zu entfernen. Auf das Wiegen will sie verzichten.

Am nächsten Morgen scheucht sie Bobby und Copper in den hinteren Teil des Geheges und verschließt den Durchgang mit einem großen Stein. Sie überprüft die Stabilität des Zaunes und als sie sicher ist, dass die beiden Männchen auf jeden Fall auf ihrer Seite bleiben, öffnet sie die Stalltür von Black Beauty. Die scheint darauf schon gewartet zu haben und springt heraus. Sie läuft direkt zum Trennzaun und steckt ihre Nase durchs Gitter. Die Männchen kommen herbei und bald schon hoppeln alle drei am Zaun rauf und runter.

Die sind erst mal abgelenkt, denkt sich Frederike und inspiziert das Nest. Erstaunt stellt sie fest, dass die Kleinen über Nacht Fell bekommen haben: die Rosafarbenen haben weiße Haare und die Dunklen braune. Vorsichtig nimmt sie eins aus dem Nest. Es hat die Augen fest geschlossen und wackelt in ihrer Hand hin und her. Ganz warm fühlt es sich an. Sie legt es zurück und geht noch einmal ins Haus, um einen Schuhkarton zu holen, den sie mit Black Beautys Wolle aus der braunen Tüte gefüllt hat. Black Beauty beachtet sie gar nicht, als sie wieder das Gehege betritt. Nun nimmt sie nacheinander jedes der fünf kleinen Babys aus dem Nest und legt es in den Karton. Dann beugt sie sich tief in den Stall und untersucht das Nest, kann aber nichts finden, weder Totgeburten noch sonst irgendwelche Rückstände, die man entfernen müsste. *Das hat Black Beauty super gemacht*, denkt sie und ist stolz auf ihre Häsin. Dann legt sie die Kleinen wieder ins Nest zurück. Sie sichert die Stalltür so, dass sie nicht durch einen Windstoß zugeschlagen werden kann und Black Beauty einen sicheren Zugang zu ihrem Nest hat.

Beim Mittagessen erzählt sie den Kindern vom Nachwuchs.
»Oh toll!«, schreit Lukas und springt auf, »ich will sie sehen!«
»Setzt dich«, befiehlt Frederike. »Jetzt nicht.« Sie erklärt den Kindern, dass die Babys und ihre Mutter viel Ruhe brauchen und sie heute schon von ihr gestört wurden. »Aber morgen früh ist Samstag, da gehen wir gemeinsam ins Gehege und ich zeige euch die Babys.«
»Oh«, meint Anna, »darf ich dann auch mal eins halten?«
»Wir schauen mal, wie sich Black Beauty verhält. Wenn sie so ist wie heute, dann denke ich schon, dass es möglich ist.«
Heute gehen die Kinder zum ersten Mal seit langer Zeit wieder freiwillig auf die Wiese und pflücken einen großen Eimer voll Löwenzahn und anderen Kräutern für die Kaninchen.

Am nächsten Morgen, gleich nach dem Frühstück, machen sich Frederike und die Kinder auf zum Gehege. Anna hat extra ein paar Brokkoliröschen aus dem Kühlschrank stibitzt, die mögen die Kaninchen besonders gern. Lukas geht voran und öffnet die Tür. Black Beauty sitzt am Trennzaun und flirtet mit Bobby und

Copper. Die drei beachten die Menschen nicht, aber als Anna ihnen den Brokkoli gibt, stürzen sie sich auf die Leckerbissen.

Lukas nähert sich dem Stall und schaut hinein. »Mama, wo sind denn die Babys?« Er lehnt sich weiter hinein.

»Na, hinten links in dem Nest«, antwortet seine Mutter.

Anna beugt sich über ihren Bruder und guckt auch in den Stall. »Da sind wirklich keine«, sagt sie.

»Das kann doch gar nicht sein. Lasst mich mal sehen«, sagt Frederike und schiebt die Kinder sachte zur Seite.

Sie blickt in den Stall und sieht das Nest – leer! Sie traut ihren Augen nicht. Unmöglich! Gestern waren da doch fünf kleine Kaninchenbabys! Vielleicht hat die Mutter ja die Babys woanders hingetragen? Katzen machen das doch auch …

Frederike öffnet die kleine Stalltür und sieht in die Höhle, aber da ist auch nichts. Die Babys sind spurlos verschwunden! Frederike ist ratlos.

»Mama, bist du sicher, dass da wirklich Babys waren?«, fragt Lukas.

»Ja, ganz sicher. Am besten geht ihr mal aus dem Gehege raus und ich sehe nach, ob ich irgendwelche Spuren entdecken kann …« Frederike ist den Tränen nahe und braucht jetzt Ruhe zum Nachdenken.

Sie guckt noch einmal in den Stall, kann aber nichts Besonderes entdecken, das Nest ist völlig intakt, es gibt auch kein Blut. *Oh Gott*, überlegt sie, *Black Beauty wird sie doch nicht aufgefressen haben?* Sie schaut zu der Häsin hinüber, aber die sieht so unschuldig aus, dass sie den Gedanken gleich wieder verwirft. *Unter Stress stehende Kaninchen fressen manchmal ih-*

ren Nachwuchs auf stand in ihrem Buch – aber Black Beauty hat ja keinen Stress und die Männchen sind abgetrennt, die können es auch nicht gewesen sein, die Gehegetür war zu.

Sie untersucht die Wände und die Decke vom Gehege: alles dicht – also kann es auch weder eine Katze noch ein Fuchs gewesen sein … *Ob sie geklaut worden sind?*, fragt sie sich. Aber doch nicht so kleine Kaninchenbabys! Ihre Überlebenschancen ohne Mutter wären gering, ein Dieb würde doch warten, bis sie groß genug sind, dass sie ohne Mutter auskommen … Und überhaupt – wer stiehlt schon Kaninchen?!

Tobias kommt hinzu, die Kinder haben ihm erzählt, was passiert ist. Auch er untersucht das Gehege gründlich, kann aber auch kein Loch im Zaun feststellen. Es bleibt ein Rätsel …

Nach ein paar Tagen beschließt Frederike, den Trennzaun wieder zu öffnen. Die Kaninchen freuen sich, wieder vereint zu sein. Vor allem Black Beauty und Copper hüpfen und springen übereinander. *Sollte das ein Werben sein?*, fragt sich Frederike und notiert sich den heutigen Tag im Kalender. Dann errechnet sie mithilfe der Tragzeit den nächstmöglichen Geburtstermin und nimmt sich vor, Black Beauty wieder rechtzeitig in den Stall zu sperren.

Die Tage vergehen, doch die Babys bleiben verschwunden. Immer wieder denkt Frederike darüber nach, findet aber keine Erklärung.

Black Beautys nächste Niederkunft nähert sich – auch wenn man ihr wieder nichts anmerkt – und Frederike beschließt einen Großputz für Stall und Gehege. Nachdem sie Lukas aus dem Kindergarten abgeholt hat, fährt sie noch einen kleinen Umweg zu einem Bauernhof, um dort Stroh zu kaufen. Hier erhält sie einen 20-Kilo-Ballen zum Preis von einer 4-Kilo-Tüte aus dem Baumarkt. Allerdings macht der Ballen auch mehr Arbeit: Da sie keinen trockenen Lagerplatz im Garten hat, öffnet sie den Ballen und lässt Anna das lange Stroh mit der Heckenschere in kürzere Stücke schneiden. Dann füllen sie das Stroh, das sie nicht sofort brauchen, in Säcke und lagern es im Keller. So ein Ballen reicht für einen ganzen Monat. Leider muss Frederike nach jedem Transport ihr Auto aussaugen, das Stroh ist einfach überall. Vielleicht sollte sie beim nächsten Mal einen alten Bettbezug mitnehmen und den Ballen darin transportieren …

Lukas räumt mit dem Kehrblech die beiden Ställe aus und füllt die alte Einstreu in eine Wanne. Das macht er schon ganz gut, nur kleckert er natürlich viel daneben. Frederike und Anna tragen dann gemeinsam die schwere Wanne zur Biomülltonne. Am liebsten hätte Frederike ja einen Misthaufen angelegt, aber Tobias meint, das könnten sie den Nachbarn nicht zumuten. Er hat dann noch eine zweite braune Tonne besorgt, aber trotzdem wird es im Sommer, wenn noch der Rasenschnitt hinzukommt, manchmal eng mit der Entsorgung.

In die leeren sauberen Ställe füllen sie nun Strohpellets. Die sind sehr praktisch, relativ günstig und saugen alle Feuchtigkeit auf. Darüber verteilen sie dann Stroh und auch etwas Heu. Die Kaninchen lieben es, das frische Stroh zu zerkleinern, und richten sich dann häuslich ein.

Als sie fertig sind, ist das ganze Gehege übersät mit Einstreu. Frederike holt einen Rechen und fegt damit alles zusammen. Dabei stellt sie auch die beiden Paletten auf, die als Sonnendeck dienen, denn durch die Ritzen ist auch allerlei hindurchgefallen und soll dort nicht in der Erde faulen. Als sie die erste Palette anhebt, sieht sie darunter ein Loch im Boden, wie ein Fallrohr, und von dort aus eine Rinne hinüber zur nächsten Palette. Als sie diese anhebt, traut sie ihren Augen nicht: da liegen die Überreste von fünf Kaninchenbabys, drei weiße, zwei braune, wie mumifiziert, alle mit einer Bisswunde am Hals. Auch die Kinder starren reglos auf das Grab.

»Schnell, Lukas, bring mir mal meine Gartenhandschuhe«, sagt Frederike, um ihren Sohn von diesem Ort des Schreckens wegzubekommen.

»Was ist da wohl passiert?«, fragt Anna und beugt sich tiefer, um besser sehen zu können.

»Keine Ahnung«, antwortet ihre Mutter wahrheitsgemäß, »ich werde das heute Abend mal googlen, vielleicht finde ich ja etwas … da scheint ja ein Tier aus dem Boden gekommen zu sein, eins, dass seine Beute nicht frisst, sondern aussaugt …«

»Du meinst … ein Vampir?«, fragt Anna besorgt.

»Nein«, jetzt muss Frederike doch lächeln, »an Vampire glaube ich nicht. Da wird sich schon eine Lösung finden …«

Da kommt auch schon Lukas mit den Handschuhen. Anna holt noch den Spaten und dann beerdigen sie den Wurf neben Snowy.

»Ich weiß jetzt, wie die Kaninchen verschwunden sind«, eröffnet Frederike das Gespräch beim sonntäglichen Frühstück und schaut in die Runde.

Alle sehen sie erwartungsvoll an.

»Es war ein Marder – vermutlich ein Weibchen.« Sie ist fast ein bisschen stolz auf ihr Wissen. Stundenlang war sie letzte Nacht durchs Internet gesurft auf der Suche nach Informationen.

»Was ist ein Marder?«

»Wie kommst du darauf?«

»Warum ein Weibchen?«

Alle reden durcheinander.

»Marder sind längliche Raubtiere, sehen aus wie Wiesel, nur größer. Sieh mal hier: so sehen die aus«, sagt sie zu ihrem Sohn und zeigt ihm auf ihrem Tablet ein Foto. Auch die anderen sehen sich das Bild an. »Marder können gut graben. Wir müssen nachher mal in den Blumenrabatten nachsehen, ob wir sein Einstiegsloch finden. Da hat sich ein Marder unter dem Zaun durchgegraben und ist bestimmt direkt auf den Kaninchengang gestoßen. Das wäre auch eine Erklärung dafür, dass wir so lange keinen Nachwuchs hatten: Wahrscheinlich hat Black Beauty ihre Nester in den Gang gebaut und der Marder hat die Kleinen jedes Mal geholt und aufgefressen. Das heißt, Marder fressen ihre Beute nicht unbedingt. Ich habe gelesen, sie seien sehr mordlustig und töten alles, was sie kriegen können. Und wenn sie genug Beute gemacht haben, saugen sie die einfach nur aus!«

»Genau wie unsere Babys!«, ruft Anna aufgeregt.

»Aber warum tötet er denn nicht die großen Kaninchen?«, fragt Tobias.

»Darum denke ich ja, dass es ein Weibchen ist! Mardermädchen werden nur halb so groß wie ihre Brüder. Ein Männchen könnte so ein großes Kaninchen vielleicht noch reißen, ein Weibchen auf keinen Fall!«

»Und was machen wir jetzt?«

»Zuerst schütten wir den Mardergang zu und verschließen ihn mit einem großen Stein. Black Beauty, Bobby und Copper scheinen ja sicher zu sein. Wenn Black Beauty wieder wirft, sperren wir sie in den Stall und lassen sie nur tagsüber raus, Marder sind nämlich dämmerungs- und nachtaktiv. Wir müssen die Kleinen so lange unter Verschluss oder unter Aufsicht halten, bis sie groß genug oder verkauft sind.«

»Zum Glück steht ja der Sommer vor der Tür, da sind die Nächte kurz«, meint Tobias.

Seit zwei Tagen ist Black Beauty jetzt schon im Stall und Frederike schaut jedes Mal, wenn sie im Gehege ist, erwartungsvoll hinein, um dann enttäuscht festzustellen, dass die Häsin noch nicht einmal ein Nest gebaut hat. Dabei wird es nach ihren Berechnungen wirklich Zeit mit dem Nachwuchs.

Jetzt liegt die schwarze Kaninchendame entspannt im Stroh und schaut durch den Maschendraht hinaus. Da fällt Frederike plötzlich auf, dass Black Beauty einen riesigen Berg Einstreu vor den Eingang der Höhle geschoben hat. Richtig festgepresst sieht das aus, der ganze Eingang ist zugestopft mit Stroh. Frederike öffnet die große Stalltür und füttert Black Beauty. Dann öffnet sie die kleine Tür. Die Höhle ist gut ausgepolstert mit Stroh und schwarzer Wolle. Jetzt hört sie auch ein ganz feines Fiepen. Mit einem Satz springt Black Beauty auf das Zwischenbrett und beugt sich über den Rand, sodass sie ebenfalls in die Höhle sehen kann – dabei beobachtet sie Frederike, lässt sie aber gewähren. Ganz hinten im Halbdunkel kann Frederike den neuen Wurf mehr erahnen als sehen. Es scheint ein wuseliges Durcheinander zu sein. Plötzlich fühlt sie sich wie ein Eindringling in dieser friedlichen Mutter-Kinder-Symbiose. Behutsam schließt sie die Käfigtür. Die Kaninchenmutter springt wieder in den unteren Teil des Stalls und von dort raus ins Gehege. Schnell scheucht Frederike die beiden Männchen in den hinteren Teil und schließt den Trennzaun. Black Beauty hat Freigang bis abends, dann wird sie aus Sicherheitsgründen wieder in den Stall gesperrt.

Leider vertragen sich Bobby und Copper nicht mehr. Immer häufiger kommt es zu Verfolgungsjagden und Kämpfen zwischen den Männchen, dass im wahrsten Sinne des Wortes die Fetzen fliegen. Erstaunlicherweise geht die Aggression dabei von Bobby aus, der trotz Kastration deutlich *hengstiger* agiert als sein intakter Kollege.
Da das Platzangebot nicht unendlich ist und Einzelhaltung weitestgehend vermieden werden soll, hat sich Frederike nach einigen Überlegungen folgenden Plan ausgedacht: In der Zeit, in der Black Beauty mit der Aufzucht ihrer Jungtiere beschäftigt ist und nicht gedeckt werden soll, wird ihr Bobby Gesellschaft leisten und Copper bleibt im abgetrennten Teil des Geheges,

natürlich mit Sichtkontakt zu den anderen. Wenn die Häsin wieder gedeckt werden soll, tauschen die Rammler ihre Plätze und Copper darf bis kurz vor der Geburt bei Black Beauty bleiben. So wird es erst mal gehen, bis sich eine andere Lösung findet.

Also lässt sie Bobby wieder aus dem abgetrennten Teil heraus und hofft, dass er den Jungtieren nichts antut. Sicherheitshalber setzt sie sich noch eine Stunde lang auf die Terrasse und beobachtet das Verhalten der Kaninchen: Bobby schnüffelt wie ein Jagdhund und springt schnurstracks in den Stall hinein. Frederike stockt der Atem: *Er wird doch nicht etwa ...?* Aber Bobby schaut sich nur um, inspiziert den verschlossenen Eingang zur Höhle, kehrt um und springt aus dem Stall heraus. Dann wendet er sich Copper zu, der wieder am Trennzaun sitzt und sehnsüchtig zu Black Beauty hinüberschaut. Aber Bobby sorgt durch sein dominantes Verhalten dafür, dass die Häsin auf der anderen Seite des Geheges bleibt. Als er sicher ist, dass Copper nicht an *sein* Mädchen herankommt, kuschelt er sich an Black Beauty und hält Mittagsschlaf.

Das Muttertier genießt offensichtlich die Freiheit und kümmert sich scheinbar überhaupt nicht um die Babys, sodass sich Frederike bereits Sorgen macht. Sie liest aber nach, dass Häsinnen nur ein bis zweimal täglich ihre Jungen säugen und sich ansonsten von ihrem Wurf fernhalten, um mögliche Feinde nicht darauf aufmerksam zu machen. So langsam versteht Frederike, warum konventionell gehaltene Häsinnen, die rund um die Uhr mit ihrem Wurf zusammengepfercht gehalten werden, so gestresst sind, dass sie manchmal ihre Brut auffressen.

Als die Kleinen drei Tage alt sind, hält es Frederike nicht mehr aus, die Neugier ist einfach zu groß. Wie die Babys wohl aussehen? Sind alle gesund? Wie viele sind es und welche Farben haben sie? Und natürlich: Wie viele Jungs, wie viele Mädchen sind es?

Gleich nach dem Essen geht sie mit Anna, die den Karton mit der Wolle trägt, zum Stall. Black Beauty liegt scheinbar völlig desinteressiert in der warmen Frühlingssonne, hat aber den Eingang zur Höhle wieder gewissenhaft verschlossen. Als Frederike die Stalltür öffnet, beobachtet Black Beauty das Treiben genau. Frederike blickt ins Dunkle der Höhle. Als sich ihre Augen an das fehlende Licht gewöhnt haben, erkennt sie im hinteren Bereich ein fröhliches Gewusel. Mit dem rechten Arm langt sie ins Nest und ertastet mit den Fingern einen mausähnlichen Körper. Vorsichtig umschließt sie ihn und zieht ihren Arm wieder heraus. Auf ihrer Hand liegt ein wackeliger Körper mit schwarzbraunem Fell und geschlossenen Augen, der noch gar keine Ähnlichkeit mit einem Kaninchen hat. Schnell legt sie ihn in den Karton, den Anna bereithält. Dann folgt das Nächste. Und noch eins. Und noch eins … sechs … sieben … acht.

»Ich glaube, jetzt habe ich alle«, meint Frederike und tastet noch einmal mit der Hand das Nest ab.

»Acht Babys – Wahnsinn!«, meint Anna und blickt dabei in den Karton.

Die Babys haben sich auch hier wieder zu einem Knäuel zusammengefunden und wuseln durcheinander. Es sieht aus, als wollten die oberen mit schwimmähnlichen Bewegungen tiefer in das Knäuel hinabtauchen. *Vielleicht, weil es dort am Wärmsten ist?*, überlegt Frederike. Sieben sind schwarzbraun, nur eins ist rot. Frederike ist ein bisschen enttäuscht über die geringe Farbenvielfalt. Aber alle acht sind gesund und sehen wohlgenährt aus – und das ist ja erst einmal das Wichtigste.

Anna will auch mal eins halten. Frederike übernimmt den Karton und Anna nimmt sich eins heraus. Es fühlt sich ganz heiß und lebendig an. »Können wir die alle behalten?«, fragt sie.

»Nein«, antwortet ihre Mutter, »wir werden versuchen, alle zu verkaufen. Wir behalten nur die, die wir nicht loswerden.«

Anna macht ein enttäuschtes Gesicht.

»Aber wenn es gut läuft, bekommen wir bald den nächsten Wurf. Wenn da ein Mädchen mit einer besonderen Farbe dabei ist, behalten wir es.«

Jeden Tag machen Frederike und Anna eine Nestkontrolle. Sie staunen, wie schnell sich die Babys entwickeln, man kann ihnen beim Wachsen fast zusehen. Bis auf eins, das war von Anfang an das Kleinste und der Abstand zu seinen Geschwistern vergrößert sich täglich. Am fünften Tag wiegt es nur die Hälfte von seinem größten Geschwisterchen. *Vielleicht hat es ein Zwergengen*, rätselt Frederike.

Am zehnten Tag haben plötzlich alle die Augen geöffnet und blinzeln, als sie aus dem dunklen Stall genommen werden.

Jetzt, wo sie sicher ist, dass alle durchkommen, beginnt Frederike sich Gedanken über die Vermarktung zu machen. Sie könnte einen Zettel ans Schwarze Brett im Supermarkt hängen – aber wahrscheinlich macht das nicht viel Sinn, die meisten wollen ja Zwergkaninchen haben. Über den Supermarkt würde sie nicht genügend Leute erreichen. Oder in der Tierhandlung fragen, ob die welche übernehmen wollen? Aber da wüsste sie ja gar nicht, wer ihre Kaninchen schlussendlich bekommt. Nein, das will sie auf gar keinen Fall. Sie fühlt sich für die Babys verantwortlich und will, dass sie unbedingt in eine artgerechte Haltung kommen.

Bleibt das Internet. Frederike findet eine Kleinanzeigenplattform mit Tiermarkt, auf der sie kostenlos Anzeigen mit bis zu acht Bildern schalten kann und bundesweit gesehen wird. *Einen Versuch ist es wert*, denkt sie und nimmt sich vor, bei der nächsten Nestkontrolle ein paar süße Fotos zu machen.

Am nächsten Tag lädt sie die Bilder hoch – eins zeigt den Wurf im Karton, auf dem anderen sieht man ein einzelnes Baby auf Annas Hand. Sie schreibt dazu:

Satinangorakaninchen abzugeben, nur in artgerechte Haltung, Abgabetermin in sechs Wochen, 40 Euro pro Tier.

Mal sehen, was passiert ...

Nach zwei Tagen hat sie schon über 30 Klicks auf ihrer Anzeige und die erste Anfrage! *Wow*, denkt Frederike, *das hätte ich nicht gedacht!*

Die erste Interessentin ist eine alte Dame, die bereits 16 Angorakaninchen hat. Am Telefon erzählt sie Frederike, wie sie die bei sich im Garten hält: alle laufen frei herum, fressen alles an und graben Löcher in die Beete. Frederike fragt nach, wie sie das denn mit der Fellpflege macht, dazu müssten die ja alle eingefangen werden. »Ach«, sagt die alte Dame, »das ist nicht schwierig: ich füttere sie jeden Abend im Stall. Dann kommen die angerannt und ich kann die Tür über Nacht schließen.«

Diese Methode kommt Frederike nur allzu bekannt vor. »Aber wenn sie schon so viele haben, warum wollen sie denn noch eins mehr?«

»Die sind doch alle weiß und ich hätte gerne mal eine andere Farbe ... ihren Roten finde ich so schön. Ist das ein Männchen?«

»Das weiß ich noch gar nicht«, gesteht Frederike.

»Also, wenn das ein Männchen ist, würde ich den gerne nehmen. Der vererbt seine Farbe doch weiter, oder?«

»Ja, der vererbt reinerbig rot. Wenn Ihre aber alle weiß sind kann es sein, dass die erste Generation auch weiß ist. Die Farbe käme dann erst durch, wenn sie diese dann wieder untereinander kreuzen.«

»Aha«, sagt die alte Dame und Frederike ist sich nicht sicher, ob sie das verstanden hat.

Sie einigen sich darauf, dass Frederike ihr den Roten reserviert, wenn es ein Männchen ist, und die Dame schon einmal die Hälfte des Preises anzahlt.

Nach dem Gespräch googelt Frederike noch einmal das Thema *Geschlechterbestimmung bei Kaninchen* im Internet. Sie liest, dass es einigen Züchtern gegeben sei, schon am zweiten Tag die Geschlechter bestimmen zu können, Normalsterbliche aber vor der dritten Woche keine Chance hätten, irgendetwas zu erkennen. Allgemein gilt: je älter, desto eindeutiger. Sie schaut sich die Fotos ganz genau an und fühlt sich dann einigermaßen gewappnet.

Als die Babys drei Wochen alt sind, wagt sie sich zusammen mit Anna an den praktischen Teil der Geschlechterbestimmung heran. Bei der nächsten Nestkontrolle drehen sie jedes entnommene Kaninchenbaby auf den Rücken und betrachten sein Geschlechtsteil. Anna findet das mit ihren elf Jahren natürlich erst einmal »Iiieh«, aber dann ist ihr Ehrgeiz geweckt. Bei dreien sind sie sich ganz sicher: es sind eindeutig zwei Männchen und ein Weibchen. Die anderen fünf sind noch nicht bestimmbar.
»Naja, dann versuchen wir es nächste Woche noch einmal. Zum Glück ist der Rote ein Männchen, der geht dann schon mal zu der alten Dame.«

Als der Wurf etwa dreieinhalb Wochen alt ist und Frederike sich dem Stall nähert, sieht sie, wie etwas Kleines durch den Stall flitzt und im Höhleneingang verschwindet. Black Beauty hat sich heute nicht die Mühe gemacht, den Durchgang zum Nest zu verschließen und liegt oben auf dem Zwischenbrett. Als sie Frederike mit dem Futter sieht, springt sie erwartungsvoll hinunter. Frederike setzt sich auf einen umgedrehten Eimer vor den Stall und schaut ihrer Häsin beim Fressen zu.
Es dauert nicht lange, da erscheint im Höhlenausgang ein kleines Näschen, das neugierig schnuppert. Mit einem Satz ist es draußen. *Wie süß*, denkt Frederike und verhält sich ganz still, um das Kleine nicht zu erschrecken. Da erscheint schon

das nächste Näschen. Nach und nach trauen sich alle acht Kaninchenbabys aus der Höhle heraus und springen ausgelassen im Stall umher. Einige knabbern an Heuhalmen und zwei ganz Vorwitzige untersuchen den Napf ihrer Mutter und probieren ein paar Haferflocken. Frederike schaut entzückt zu, bis ihr die Beine einschlafen. Sie versucht immer noch stillzuhalten, aber irgendwann wird der Schmerz in den Waden zu groß, sie muss sich einfach bewegen und die Beine ausstrecken. – Schwupps! Wie ein Blitz schießen aus allen Richtungen die Babykaninchen in die Höhle zurück.

Was mache ich denn jetzt?, überlegt Frederike. Sie kann die Stalltür auf keinen Fall offen lassen, dann springen ihr womöglich die Babys aus dem Stall heraus. *Was mache ich mit Black Beauty? Im Stall oder raus lassen?*

Die Entscheidung nimmt ihr die Häsin ab, indem sie einfach mit einem eleganten Sprung herausspringt. Frederike schließt die Stalltür und nimmt sich vor, im Laufe des Tages immer mal wieder das Verhalten der Häsin zu beobachten. Wenn sie das Gefühl hat, dass Black Beauty zu ihren Kindern will, wird sie ihr die Tür öffnen.

Heute kam eine Anfrage per Email aus Ungarn! Frederike kann es kaum glauben. Die Frau heißt Lilly, ist Amerikanerin und mit einem Ungarn verheiratet. Sie schreibt, sie wäre der Liebe wegen nach Ungarn gezogen und würde nun mit ihrem Mann, den beiden Kindern und ein paar Tieren auf einem alten Landgut leben, das sie selber restaurieren wollen. Sie kenne Satinangoras bereits aus Amerika, in Ungarn gäbe es aber nur die üblichen Angoras. Von ihrer ungarischen Freundin habe sie bereits ein paar Tiere erhalten und nun wolle sie deutsche Satinangoras dazu mischen und eine neue Rasse kreieren.

Das ist ja toll, denkt Frederike, *richtig romantisch.*

Lilly hätte gerne ein Männchen und ein Weibchen. Frederike schaut sich direkt mal die Website von Lilly an: Darauf sieht man eine sympathische Frau und zwei nette Kinder, etwa acht und zehn Jahre alt, in immer wieder neuen Variationen auf einem alten Bauernhof: mal mit Pony, mal mit Gänsen, auf einer Schaukel sitzend ... Außerdem zeigt Lilly ein paar Kostproben von ihren Handarbeiten und Gläser mit selbst eingekochter Marmelade. Alles sehr idyllisch.

»Ich werde jetzt international«, eröffnet Frederike abends das Gespräch mit Tobias.

»Wie meinst du das?«

»Ich habe eine Anfrage für zwei Kaninchen bekommen – aus Ungarn!«, verkündet Frederike stolz.

»Aus Ungarn?« Tobias ist erstaunt. »Erzähl mal.«

Frederike berichtet aufgeregt von ihrem Schriftverkehr mit der Amerikanerin, natürlich auf Englisch.

Tobias ist sichtlich beeindruckt. »Vielleicht solltest Du dir auch eine eigene Website zulegen ... die Satinangoras scheinen ja echt gefragt zu sein.«

»Oh ja, pass mal auf, ich werde noch das Zentrum für Satinangorakaninchen in Europa.«

Frederikes neue Aufgabe besteht nun darin, die kleinen Kaninchenkinder an den Menschen zu gewöhnen. Dazu setzt sie sich vormittags auf den umgedrehten Eimer vor den Stall und wartet darauf, dass sich die Kleinen aus der Höhle wagen. Nach nur zwei Tagen haben sie sich schon so an Frederikes Anwesenheit gewöhnt, dass sie nicht mehr bei jeder Bewegung wieder in die Höhle flüchten, sondern gelassen sitzen bleiben. Frederike füttert sie mit Petersilie und Löwenzahn aus der Hand. Schon nach ein paar Tagen kommt die Bande begeistert angerannt, wenn sich Frederike dem Stall nähert. Jetzt lassen sie sich auch anfassen.

Als sie fünf Wochen alt sind, nimmt Frederike die Rasselbande aus dem Stall heraus und trägt sie in einem Wäschekorb hinüber zu dem alten Rasengehege. Dabei muss sie aufpassen, dass ihr keines der quirligen Kerlchen über Bord springt. Sie setzt das erste Kaninchenkind auf den Rasen. Es bleibt erst ganz still sitzen und scheint sich auf das neue Gefühl an den Pfoten zu konzentrieren, dann hoppelt es davon und untersucht neugierig seine neue Umgebung. Nacheinander setzt Frederike jedes einzeln auf die Wiese, bis alle acht im Rasengehege sind. Sie macht noch schnell ein Foto für die Verkaufsanzeige, dann deckt sie das Gehege sorgfältig ab.

Im Laufe des Tages schaut Frederike immer mal wieder hinaus, aber die Kleinen fühlen sich pudelwohl. Sie wird wohl schon morgen das Gehege verschieben müssen, so fleißig knabbern die Häschen am Gras. Als ein paar Regentropfen vom Himmel fallen, flüchtet die ganze Bande ins Häuschen. *Die haben ja noch gute Instinkte*, denkt Frederike, *da kann ich die noch et-was länger draußen lassen.* Sie beschließt, sie erst nach dem Abendbrot in den inzwischen schon etwas engen Stall zu tragen.

Als sie gegen neun in den Garten kommt, merkt Frederike sofort, dass etwas nicht stimmt. Schnell geht sie zum Rasengehege und sieht gerade noch einen länglichen dunklen Schatten in einem Loch im Rasen verschwinden!
»Oh Gott! Der Marder!«
Sie entfernt die Abdeckung und sieht ein totes Kaninchen auf dem Rasen liegen. Die anderen hocken alle dicht gedrängt und verängstigt im Häuschen. Eins ist verletzt, es blutet am Ohr.
Frederike ruft nach ihrem Mann.
»Was ist los?« Tobias kommt herbeigeeilt.
»Der Marder war hier! Ich habe ihn gesehen!«
»Oje! Und?«
»Eins ist tot, eins verletzt. Die anderen scheinen unversehrt.«
Sie nehmen jedes Kaninchen einzeln hoch und schauen es genau an. Die sechs unverletzten tragen sie im Wäschekorb hinüber in den Stall und machen ihn gewissenhaft zu. Das verletzte Kaninchen nehmen sie mit ins Haus und untersuchen es gründlich.
»Wir sollten die Wunde gründlich reinigen. Nicht, dass der Marder es mit irgendetwas infiziert hat – denk an Snowy.«
»Bin schon unterwegs«, meint Tobias und kommt mit einer Jodsalbe zurück. Dann waschen sie das Ohr gründlich unter fließendem Wasser und tupfen es anschließend mit einem wei-

chen Tuch trocken. Tobias hält das Kaninchen und Frederike trägt die desinfizierende Salbe auf.

Als sie es zurück in den Stall bringen fragt Tobias: »Was machen wir denn nun mit dem toten Kaninchen?«

»Am besten begraben wir es bei den anderen. Vielleicht haben wir Glück und die Kinder merken es gar nicht …«

Dann untersuchen sie das Loch im Rasen. Es hat einen Durchmesser von ungefähr zehn Zentimetern und geht senkrecht wie ein Fallrohr nach unten. Tobias nimmt einen Stock und steckt ihn hinein – er verschwindet darin einen halben Meter, tiefer kommt er nicht.

Tobias legt sich ins Gras und steckt nun seinen Arm in das Loch. Unten ertastet er den weiteren Verlauf des Tunnels. »Der Gang verläuft in die Richtung«, sagt er und zeigt auf das Rosen- und Lavendelbeet neben der Terrasse. »Da müssen wir morgen mal bei Tageslicht schauen, ob wir einen weiteren Ausgang finden.«

Frederike geht bekümmert ins Haus. Sie macht sich Vorwürfe, dass sie die Kleinen nicht früher in den Stall gebracht hat. Außerdem macht sie sich Sorgen, ob das verletzte Kaninchen durchkommt oder noch krank wird. Aber sie ist auch froh, dass sie Schlimmeres verhindern konnte und die sechs anderen vor dem Marder gerettet hat.

KAPITEL 9

Als die Kaninchenkinder sieben Wochen alt sind, hat Frederike für jedes ein neues Zuhause gefunden und schon eine Liste an weiteren Interessenten. Der vom Marder Gebissene hatte überlebt und seine Verletzung ist verheilt, nur kann er seitdem sein rechtes Ohr nicht mehr aufstellen, es steht seitlich ab. Weil er aber der Kräftigste von allen war und das Knickohr nicht genetisch ist, will ihn Lilly unbedingt für ihre Zucht haben. Also geht er zusammen mit einer seiner Schwestern nach Ungarn. Der Rote geht nach Essen zu der alten Dame. Ein Männchen soll in Fulda eine Angorahäsin beglücken und ein Weibchen reist nach Berlin, um einem älteren Angorakaninchen Gesellschaft zu leisten.

Die Dame in Berlin hat zwar leider nur einen Balkon und keinen Garten, aber dafür ein ganzes Zimmer nur für die Kaninchen und sie geht regelmäßig mit ihnen in den Park. Frederike war anfangs sehr skeptisch, aber die Flut an Fotos hat sie dann doch überzeugt: Die Berlinerin hat wirklich ein Händchen für Kaninchen und scheint sie so weit zähmen zu können, dass sie sie frei im – hundefreien – Park laufen lassen kann.

Dann geht noch eins an eine Frau in Hannover, die bereits mehrere Kaninchen hat. Das war es auch schon, denn kurz nachdem der Marder da war, ist noch ein Kaninchen gestorben: Das Kleinste, dass immer etwas zurückgeblieben wirkte, ist beim Spielen mit seinen Geschwistern mitten im Sprung einfach tot umgefallen. »Vielleicht ein angeborener Herzfehler«, mutmaßte Frederike, als sie es Tobias erzählte.

Heute ist der große Abholtag. Frederike sitzt mit einem Kaffee am Küchentisch und versucht die Zeitung zu lesen. Aber sie kann sich gar nicht so recht auf den Inhalt konzentrieren, so aufgeregt ist sie. Immer wieder geht sie in Gedanken alles durch und ist sich am Ende sicher, dass sie nichts vergessen hat. Trotzdem bleibt eine gewisse Unruhe. Sie hat sich viel Mühe gegeben, den richtigen Versender für ihre Tiere zu finden. Da sind ja etliche dubiose Firmen auf dem Markt, hat sie festgestellt. Ihr war es sehr wichtig, dass die Tiere mit Futter und Wasser versorgt und garantiert innerhalb von 24 Stunden ausgeliefert werden. Außerdem sollten sie genug Platz haben und frische Luft. Frederike hat sich dann für einen Versender entschieden, der mit klimatisierten Fahrzeugen wirbt und es von vornherein ablehnt, Tiere bei Minusgraden oder über 28 Grad zu transportieren. Auch die Verpackungsvorschriften für Schlangen fand sie sehr interessant – sie hatte noch gar nicht darüber nachgedacht, dass bei einem Versender Tiere der unterschiedlichsten Art auf engstem Raum in verschiedenen Behältnissen neben- und übereinandergestapelt bis zu 24 Stunden miteinander verbringen: Mäuse, Meerschweinchen, Vögel und Kaninchen einerseits, Katzen, Hunde und Schlangen andererseits. Da findet es Frederike beruhigend, dass Schlangen ausschließlich in einem verschließbaren Jutebeutel transportiert werden, der dann noch in eine Styroporkiste gelegt und verschlossen wird. *Klar, Schlangen sind Reptilien, die müssen warmgehalten werden, darum die Styroporkiste.*
Dieser Versender hat auf seiner Homepage so viele Vorschriften und Wenn-und-Aber-Fälle, dass Frederike überzeugt ist

jemanden gefunden zu haben, der verantwortungsvoll mit den Tieren umgeht und dies auch nicht erst seit gestern. Also hat sie Kontakt aufgenommen und ihren Fall geschildert.

Drei ihrer Kunden wollten von diesem Versender betreut werden, Lilly aus Ungarn dagegen wollte den Transport ihrer Kaninchen selbst organisieren. Nur die alte Dame aus Essen war bereit, ihr Kaninchen persönlich abzuholen.

Für die Versenderkundinnen musste zuerst ein Termin gefunden werden, an dem alle drei die Möglichkeit hatten, ihre Tiere vormittags in Empfang zu nehmen. Das war nicht so einfach, da die beiden Kundinnen aus Hannover und Fulda erst einmal Urlaub einreichen mussten. Endlich stand der Termin. Nun musste jede Kundin ein Transportbehältnis an Frederike schicken, am besten eine Katzentransportbox aus dem Tierzubehörhandel. Die Dame aus Fulda hat extra eine neue Box online gekauft und direkt an Frederike schicken lassen. Innerhalb weniger Tage kamen die Transportbehältnisse an und der DPD-Fahrer staunte nicht schlecht über die Anzahl großer Pakete. Nun musste Frederike die Boxen einrichten: Zunächst bedeckte sie die Böden mit Strohpellets, die den Urin aufsaugen, damit die Kleinen im Trockenen sitzen würden. Darüber füllte sie reichlich ein Gemisch aus Heu und Stroh – zum Knabbern und bequemen Liegen. Kurz vor der Abholung will sie dann noch einen Berg Frischfutter und einen geschnittenen Apfel dazugeben für die Flüssigkeitsversorgung, denn das empfiehlt der Versender auf seiner Homepage, mit der Begründung, dass Nippelflaschen nie ganz dicht seien und durch die Erschütterungen während der Fahrt tropfen. Dann läge das Tier bald im

Nassen, was seiner Gesundheit eher abträglich sei. Dann musste Frederike jede Box samt Inhalt wiegen und die Außenmaße sowie das Gewicht in die Formulare eintragen, dazu die Adresse, Notfallnummern und einen Aufkleber mit der Bezeichnung der Tierart gut sichtbar außen an die Box kleben. Das machte ganz schön viel Arbeit und Frederike war einen ganzen Vormittag damit beschäftigt.

Endlich klingelt es an der Tür: Der Bote sollte zwischen 8 Uhr und 12 Uhr erscheinen, jetzt ist es 11.45 Uhr. Vor Frederike steht ein sympathischer junger Mann, der mit einem ganz normalen Pkw-Kombi angereist ist. An der Seite erkennt sie den Werbeschriftzug des Tierversenders. Frederike ist erleichtert, dass sie ihre Tiere nicht einem rollenden Zoo anvertrauen muss.

Der Mann kommt mit in den Garten, wo die Transportboxen auf dem Terrassentisch bereitstehen. Er wartet geduldig, bis Frederike die drei Kaninchen aus dem Rasengehege eingefangen und auf die Boxen verteilt hat. *Jetzt nur keinen Fehler machen*, denkt sie und ihr bricht der Schweiß aus. Es wäre schon blöd, wenn sie jemandem ein Männchen schicken würde, der ein Weibchen bestellt hat oder umgekehrt. Sie kontrolliert noch einmal die Adressaufkleber an den Boxen und schließt dann die Türen. Die Kleinen fangen gleich an zu fressen. Nun muss sie noch diverse Formulare unterschreiben, dann trägt sie die Boxen gemeinsam mit dem jungen Mann zum Kombi. Der Kofferraum ist leer.

Auf ihre Frage antwortet er: »Heute hole ich nur ihre Tiere ab. Die fahre ich zur Sammelstelle. Dort werden sie auf die Auslieferfahrzeuge verteilt und verbringen in denen die Nacht. Am frühen Morgen geht es dann los Richtung Zielort. Machen sie sich keine Sorgen, bisher sind immer alle gut angekommen. Wenn Sie wollen, schicken wir ihnen eine Nachricht, sobald die Tiere ausgeliefert worden sind.«

»Oh ja, das ist eine gute Idee, danke«, sagt Frederike, »ich habe zwar mit den Kundinnen abgemacht, dass sie sich bei mir melden, wenn die Tiere angekommen sind, aber ich denke, die kümmern sich erst mal um die Kaninchen, bevor sie an mich denken.«

Etwas wehmütig schaut sie dem PKW hinterher, als er mit der kostbaren Fracht die Straße hinunterfährt.

Etwa zwei Stunden später sieht sie vom Küchenfenster aus einen Lieferwagen mit fremdländischer Aufschrift vor ihrem Haus parken. Es steigen zwei dunkelhaarige junge Männer aus, die sich suchend umsehen. *Das werden wohl die Boten aus Ungarn sein*, denkt Frederike und tritt aus dem Haus. Die beiden Männer sind sehr freundlich und erklären in gebrochenem Englisch, dass sie zwei Kaninchen abholen wollen. Einer sucht umständlich in einem Stapel Papier die richtigen Formulare und zeigt Frederike die Transportpapiere. Die sind auf Ungarisch und Englisch, aber Frederike erkennt sofort Namen und Adresse von Lilly. Also geht sie, dicht gefolgt von einem der jungen Männer, in den Garten, um die beiden Tiere für die Amerikanerin zu holen. Sie setzt *Knickohr* und das letzte Weibchen in die Box, wünscht den beiden viel Glück und verschließt die Tür.

Als sie zum Wagen zurückkommen, hat der andere Mann die Schiebetür geöffnet und einen jungen, aber schon sehr großen massigen Hund herausgelassen. Sichtlich stolz führt er ihn an der Leine Gassi. So einen Hund hat Frederike noch nicht gesehen und fragt auch gleich, was das für eine Rasse sei. In gebrochenem Englisch, gewürzt mit deutschen Wörtern, erklärt der Mann mit dem Kaninchenkorb in der Hand, dass das ein *Cane Korso* sei, eine italienische Dogge, die in Ungarn gezüchtet wurde und nun auf dem Weg zu ihrem neuen Besitzer in Düsseldorf ist. Der Hund sei vier Monate alt und sehr teuer, der Käufer in Düsseldorf sehr reich. »Ein sehr schönes Tier«, sagt Frederike und ihr Blick wandert hinüber zu dem schwarzen Hund, der gerade sein Geschäft am Wegesrand verrichtet. Der Ungar am anderen Ende der Leine grinst stolz.

Eine Nachbarin trägt ihren Hausmüll raus und sieht neugierig herüber. Beim Zuklappen der Mülltonne gibt es einen lauten Knall, als sie den Deckel fallen lässt. Der Hund erschreckt sich und ruckt an der Leine. Der Ungar, nicht darauf gefasst, lässt los und wie ein geölter Blitz rast der schwarze Welpe davon. Wie vom Donner gerührt stehen die beiden Boten und Frederike da, bis auf einmal Bewegung in die Männer kommt und sie mit lautem Geschrei hinter dem teuren Hund herrennen. Frederike sendet ein Stoßgebet gen Himmel, das arme Tier möge bitte nicht auf die Hauptstraße laufen.

Zum Glück gelingt es ihnen, die verängstigte Dogge zu beruhigen und wieder einzufangen. Nun haben es die Ungarn plötzlich eilig. Der Hund kommt wieder in seine Gitterbox. Die Kaninchen werden in einigem Abstand weiter hinten im Laderaum untergebracht. Erstaunt sieht Frederike, dass da noch zwei Kartons sind, in denen weitere Kaninchen für Lilly bereitstehen. Frederike öffnet die Kartons und schaut hinein: Sie sieht zweimal zwei Satinangorakaninchen, die laut Aufkleber in Mannheim *zugestiegen* sind. Die Armen sitzen in einem engen dunklen Karton, der hoffentlich nicht unten aufweicht auf der langen Fahrt. Sie ist froh, ihre Kaninchen geradezu luxuriös untergebracht zu haben. Die beiden Männer versprechen, gleich nachdem sie den Hund in Düsseldorf ausgeliefert haben, zurück nach Ungarn zu fahren. Frederike ist sich nicht sicher, ob sie das glauben soll und hat ein ungutes Gefühl. Doch ihre Tiere sind so gut versorgt, die würden auch locker zwei Tage in der Box durchstehen.

Jetzt ist nur noch das rote Kaninchenbaby da. Es sitzt einsam im Rasengehege und knabbert am Gras. Frederike ist froh, dass es heute auch noch geholt wird, die Dame aus Essen hat sich für 15 Uhr angekündigt.

Als Anna aus der Schule kommt, wirft sie ihren Ranzen in die Ecke und ruft: »Sind sie schon alle weg?«, und läuft in den Garten. Vor dem Rasengehege bleibt sie stehen und betrachtet das rote Kaninchen.

Frederike kommt hinterher. »Ja«, sagt sie, »die anderen wurden heute Morgen bereits abgeholt.«

Sie erzählt die Geschichte mit den beiden Ungarn und dem Hund.

Anna muss lachen. »Hoffentlich passiert denen das nicht auch noch mit unseren Kaninchen.«

»Keine Sorge, die sind sicher verpackt in ihrer Transportbox.«

Pünktlich um 15 Uhr klingelt es an der Haustür. Als Frederike öffnet, steht ihr eine rüstige adrett gekleidete ältere Dame gegenüber und stellt sich als Frau Hansen vor. Frederike bittet sie herein und führt sie durchs Wohnzimmer auf die Terrasse hinaus. Da Frau Hansen Zeit zu haben scheint, bietet Frederike einen Kaffee an, der gerne angenommen wird. Während Frau Hansen auf einem der bequemen Gartenstühle Platz nimmt, flitzt Frederike in die Küche und bereitet schnell zwei Kaffees zu. Dabei assistiert ihr Anna, die auf ein Tablett noch eine Schale mit Gebäck stellt und auf die Terrasse trägt. Frau Hansen genießt sichtlich die warme Sonne als die beiden zu ihr heraus kommen.

Schon nach wenigen Minuten sind die drei in ein angeregtes Fachgespräch über Kaninchen vertieft. Frau Hansen erzählt von ihren 16 Angorakaninchen, die frei in ihrem Garten leben, wie sie an den unmöglichsten Stellen Löcher graben und einmal das ganze Gemüsebeet verwüsteten, als Frau Hansen mal das Törchen offen gelassen hat. Dann führen Frederike und Anna sie im Garten herum und zeigen ihr das große Gehege, das Rasengehege und auch die Stelle, wo Snowy und das kleine Kaninchen begraben sind.

Die alte Dame ist begeistert und als sie *ihr* Kaninchen sieht, ist die Freude groß: »Der ist ja noch viel hübscher als auf den Fotos!« Dann sieht sie Anna an: »Bist du denn jetzt traurig, weil alle kleinen Kaninchen weg sind?«

»Nein«, antwortet Anna, »ich wusste ja von Anfang an, dass wir sie nicht behalten können und jedem ein schönes Zuhause suchen. Außerdem gibt es ja bald wieder Neue.«

»Ach ja?«, antwortet Frederike leicht erstaunt.

»Ja, Mama. Du hast doch gesagt, wenn wir alle verkauft kriegen, bekommt Black Beauty wieder Junge, und wenn ein schönes Mädchen dabei ist, behalten wir es.«

»Da reden wir nachher noch mal drüber«, antwortet Frederike. Anna hat natürlich recht, außerdem findet sie, es ist alles in allem super gelaufen mit der Kaninchenzucht, trotz der Todesfälle. Sie hat 250 Euro verdient, warum also nicht weitermachen?

Dann ist es Zeit Abschied zu nehmen. Frau Hansen holt ihre Transportbox, die sie liebevoll mit Stroh ausgestattet hat, und Anna setzt das rote Kaninchenkind hinein. Die Dame überreicht Frederike den Rest des Kaufpreises und sie winken dem fahrenden Auto hinterher, bis es um die Ecke biegt.

Dann muss sich Frederike sputen, damit sie Lukas noch rechtzeitig aus dem Kindergarten abholen kann.

Abends präsentiert Frederike stolz ihre Einnahmen. »Nicht schlecht für eine Hausfrau, gell?«, fragt sie und legt die 250 Euro auf den Tisch.

»Toll«, sagt Tobias, »aber was sind das für Preise? 250 Euro durch sechs Kaninchen macht ...«

»Nein«, unterbricht ihn seine Frau, ich nehme 40 Euro pro Tier, nur den Roten habe ich etwas teurer gemacht, weil er die seltenere Farbe hat.«

»Aha, sehr geschäftstüchtig. Ich sehe, auch hier bestimmt die Nachfrage den Preis. Hast du dir auch schon deinen Stundenlohn ausgerechnet?«

»Haha«, antwortete Frederike säuerlich. »So kann man auch alles kaputtreden. Ich freue mich über meinen Erfolg – bis nach Ungarn habe ich verkauft und das gleich beim ersten Mal. Ich werde auf jeden Fall weitermachen.«

»Ach komm, so war das nicht gemeint«, sagt Tobias versöhnlich und nimmt sie in den Arm. »Ich finde es ja auch toll, und mit den 250 Euro haben wir die Anschaffungskosten von Copper und einen Teil vom Gehege wieder raus.«

»Ich sollte auch mal Wolle anbieten. Überhaupt dachte ich, ich sollte eine Website haben. Ich stelle mir da so eine informative Seite vor, auf der ich über die Rasse erzähle und ihre Besonderheiten, zeige, wie man die Wolle erntet und was man damit so alles machen kann. Dann könnte ich unter *Aktuelles* meine Würfe bewerben und schön wäre noch ein Shop, in dem man Wolle bestellen kann ... Aber wie macht man so etwas?«

»Das ist gar nicht so schwer. Da gibt es sogar kostenlose Anbieter, wo du dir deine persönliche Website selbst zusammenstellen kannst. Dafür musst du nicht programmieren können, das sind einfache Anwenderprogramme – das kannst du auch.«

»Ach ja? Danke« antwortete Frederike spitz, ist aber trotzdem neugierig geworden und beschließt, bei nächster Gelegenheit im Internet auf die Suche zu gehen.

KAPITEL 10

Der nächste Wurf ist eine Riesenüberraschung: nur zwei Wildfarbene, diese aber von besonders intensiver Farbe, zwei braune Chinchillas und – Trommelwirbel – eine Braungranne mit
blauen Augen! Auch die Chinchillas haben blaue Augen. Frederike hat keine Ahnung, wo die herkommen, aber wahrscheinlich sind sie an das Chinchilla-Gen gebunden. In ihrem Buch
liest sie, dass Chinchillas wildfarbene Kaninchen seien, bei
denen alle rötlichen und gelblichen Farbpigmente fehlen. Sie
seien praktisch schwarz-weiß und wirkten daher silberbläulich.
Bei den havannafarbenen Chins sei dann noch die schwarze
Farbe verdünnt zu Braun, die Kaninchen würden braun-weiß
gestreift wirken, was ihre blauen Augen richtig zum Leuchten
brächte. Wunderschön! Eine Braungranne sei eine züchterische
Meisterleistung, sie entspräche einem braunen Chinchilla, bei
dem auch noch der Faktor für dunkle Farben ausgeschaltet
wurde: das Kaninchen sei sehr hell, fast weiß, aber die langen
Grannenhaare im Fell seien braun und die Ohren ebenfalls. Aus
einer Braungranne kann man mit dem richtigen Partner praktisch jede Farbe herauszüchten. *Das ist die Zuchthäsin, von der
ich schon so lange träume*, denkt Frederike und beschließt,
dieses Kaninchen auf jeden Fall zu behalten.

Als der Wurf vier Wochen alt ist und sein Nest dauerhaft verlassen hat, begann Frederike mit der Vermarktung: Sie drehte
ein kurzes Video, in dem die Kleinen auf dem Rasen herumhoppeln, und macht von jedem Kaninchen ein Einzelfoto in

Nahaufnahme. Die Kameraausbeute stellte sie dann auf ihrer neuen Website unter *Aktuelles* ein und informierte über Farbe, Geschlecht und Abgabetermin. Über das Foto von Candice, ihrer neuen Zuchthäsin, legt sie groß die Buchstaben *BLEIBT*. Überhaupt ist sie sehr zufrieden mit ihrer Website. Nachdem sie erst einmal den richtigen Anbieter gefunden hatte war es gar nicht so schwer, diese Seite anzulegen. Sie hat ein paar informative Texte über die Haltung und Pflege von Satinangorakaninchen geschrieben und dann mit Fotos aus ihrer Kamera illustriert. Auf einer weiteren Seite stellt sie Black Beauty, Copper und Bobby vor und erzählte, wie sie überhaupt zum Kaninchenzüchten gekommen ist. Auf der dritten Seite informiert sie über die Wollverarbeitung, begleitet von ein paar Bildern, die ihre schönsten Handarbeiten zeigen. Es gibt sogar noch ein Shopsystem, auf dem sie Satinangorawolle anbietet. Über ihre Website können Interessenten direkt eine E-Mail an Frederike schicken und es dauerte gar nicht lange, bis sie die ersten in ihrem Postkorb vorfand. Das Interesse an den hübschen Kaninchenbabys war groß und die Wollvorräte binnen drei Wochen ausverkauft. Das Geschäft floriert und Frederike fühlt sich immer mehr wie eine Geschäftsfrau. Die beiden Braunchinchillas konnte sie zu Höchstpreisen verkaufen und die hübschen Wildfarbenen gingen auch gut weg, nur Candice, die Braungranne, die viele Fans auf ihrer Website gefunden hat, gibt sie nicht her.

Candice entwickelte sich prächtig und wuchs zu einem wunderschönen großen Kaninchen heran, das eine prächtige Wolle liefert. Frederike konnte es kaum erwarten, sie zu verarbeiten und als es endlich so weit war und sie daraus einen superweichen warmen Schal für Lukas strickte, zeigte sich, dass der Schal weiß war und von einem braunen Flaum bedeckt wurde. Das war sehr elegant. *Vielleicht ist der Schal doch eher etwas für mich*, überlegte Frederike.

Als Candice ins geschlechtsreife Alter kam, setzte Frederike die Häsin zu Black Beauty ins Gehege, damit sie nicht zu früh tragend wurde – sie war kein Fan von Teenagerschwangerschaften. Der Sommer näherte sich seinem Ende und Black Beauty sollte auch eine Babypause machen. Die beiden Satinangoras verstanden sich auf Anhieb prächtig, ihre Mittagspause verbrachten sie meist eng aneinandergekuschelt. Nur mit Bobby vertrug sich die Kleine nicht, sodass der ebenfalls, wie Copper, einen eigenen Bereich abgezäunt bekam. *Schade*, dachte Frederike, »dass Kaninchenhaltung so kompliziert ist.«

Und dann, Mitte September, hat Black Beauty auf einmal noch einen Wurf! Wie aus heiterem Himmel! Frederike versteht die Welt nicht mehr, hat sie Copper doch nach dem letzten Wurf nicht mehr zu Black Beauty gelassen.

Plötzlich schwant ihr etwas: *Oje, kann man so blöd sein?* Sie fängt Candice ein, drehte sie um und schaute sich das Geschlechtsteil an: Dort, wo sie vor vier Monaten ein Weibchen diagnostiziert hatte, kann sie nun eindeutig Hoden erkennen. Sie schüttelt den Kopf: » Candice, Candice ... mit der eigenen Mutter ... Hoffentlich sind die Kleinen gesund.« Vor ihrem geistigen Auge tauchen missgestaltete, inzuchtgeschädigte Kaninchen auf.

Sie holt tief Luft und greift vorsichtig ins Nest. Das erste Baby, das sie hervorholt, ist schon recht kräftig, aber hat die Augen noch geschlossen. Frederike mutmaßt, dass es etwa sechs Tage alt sein muss. Sein Fell ist goldgelb, so eine Farbe hat sie noch nicht gesehen. Auch die anderen haben interessante Farben: ein schwarzes, ein Thüringer, ein Chinchilla und vier weiße Kaninchen. Was für eine Farbausbeute! Und alle kräftig und gesund – Frederike kann ihr Glück kaum fassen!

Bei Tisch lässt sie dann die Bombe platzen: »Ich glaube, wir müssen Candice umtaufen.«

»Warum das denn?«

»Das ist doch ein schöner Name«

»Ist etwas passiert?«

Frederike wartet, bis sich alle beruhigt haben. »Weil Candice ein Junge ist«, sagt sie dann ruhig und schaut in die Runde.

Ungläubige Gesichter.

Ausgerechnet Tobias fragt: »Woher weißt du das?«

»Weil Black Beauty wieder Junge hat – und die sind entweder vom Heiligen Geist oder Candice ist ein Männchen …«

»… und hat seine eigene Mutter geschwängert!«, vollendet Tobias den Satz.

»Ist das nicht Inzucht?«, fragt Anna.

Besorgte Augenpaare blicken zu Frederike. »Keine Angst, alle sind gesund. Ich schätze, sie sind sechs Tage alt.« Dann erzählt sie von ihrer Entdeckung am Morgen. »Aber wie soll sie, also er, denn nun heißen?«, beendet sie ihren Bericht.

»Wie wäre es mit Candy?« Anna hat schon Englisch in der Schule und übersetzt für Lukas: »das heißt *Süßigkeit*.« Für Süßigkeiten ist Lukas natürlich immer zu haben – also heißt *Candice* nun *Candy*.

Auch die Kinder sind von dem farbenfrohen Wurf begeistert und helfen endlich mal wieder freiwillig beim Füttern und Misten. Als die Babys die Augen öffnen – Frederike weiß, dass das der zehnte Tag sein muss und korrigiert noch einmal das Geburtsdatum um einen Tag – stellt Anna fest, dass zwei der weißen Kaninchen blaue Augen haben und die beiden anderen rötliche. Das Buch über Farbgenetik sagt, die beiden Rotaugen seien Albinos, aber bei den blauen Augen der beiden anderen kommt es an seine Grenzen. Frederike ist sich aber sicher, dass sie etwas mit dem Chinchilla-Gen zu tun haben. Vielleicht färben sich ja die Ohren noch dunkel, dann könnten es Schwarz- oder Braungrannen werden.

Frederike nimmt die Farbbestimmung sehr ernst, denn zum einen brauchen andere Züchter den genauen Farbcode und zum anderen bestimmt die Farbe maßgeblich den Preis. Das Geschlecht ist aber auch wichtig: Frederike kommt es langsam so vor, als ob die meisten Kunden nur Weibchen haben möchten. Männchen sind unbeliebt, vor allem, wenn dann noch eine gewöhnliche Farbe dazukommt. Eine Interessentin hat mal nach drei Weibchen gefragt! »Als wenn ich die sexen könnte«, stöhnt Frederike. Sie gibt die Tiere am liebsten paarweise ab – so verstehen sie sich am besten. Wenn jemand schon ein einsames Böckchen hat, gibt sie natürlich gerne ein einzelnes

Weibchen dazu, aber drei Weibchen zu bestellen, findet sie fast schon unverschämt, als wenn es in einer reinen Weibchengruppe keine Probleme geben würde! Ob die Kunden vielleicht die zusätzlichen Kastrationskosten scheuen, die bei Männchen fast immer noch dazukommen? Frederike überlegt: *Eigentlich müsste ich einzelne Weibchen so teuer machen, dass die Kastrationskosten wieder ausgeglichen werden ...*

Wohl wegen der seltenen Farben kommt der neue Wurf bei der Kundschaft gut an. Beinahe täglich erhält Frederike Anfragen über ihre Website, sodass sie nach drei Wochen für alle Babys eine Zusage hat und schon die ersten Anzahlungen auf dem Konto eingehen. Alle anderen, die kein Kaninchen bekommen können, vertröstet sie mit einem Platz auf der Warteliste für den nächsten Wurf. Den plant sie allerdings erst für das kommende Frühjahr, weil sie Black Beauty endlich die verdiente Ruhepause gönnen will.

Tobias freute sich: »Von den Einnahmen kann ich nächstes Jahr den ultimativen Superstall bauen.«

»Oh ja«, erwidert seine Frau, »mit schneelasttauglichem Dach, marderundurchlässigem Boden und einer Buddelgrube.«

»Was denn für eine Buddelgrube?«

»Naja, man könnte eine große Plastikwanne – zum Beispiel so ein Gartenteichding – in den Boden einlassen und mit Erde füllen.«

»Geniale Idee. Solche Plastikwannen findet man oft im Sperrmüll, wenn die Leute ihren Garten umgestalten. Da werde ich mal die Augen offen halten«

Es wird auch höchste Zeit für das neue Gehege: Das Wetter wird mit dem Herbst wieder schlechter und das Gehege muss noch einmal aufgeteilt werden: Was eigentlich als Paradies für Gruppenhaltung geplant war, mutiert nun in vier einzelne Paddockboxen, denn Candy kann ja auch nicht mehr bei Black Beauty bleiben. Frederike hat Skrupel, mit so nahe verwandten Tieren weiterzuzüchten. Eigentlich bräuchte sie zwei nicht verwandte Paare, damit sie mit deren Nachkommen weiterzüchten kann. Wenn man die dann noch alle artgerecht halten will, braucht man mehr Platz, als so ein Reihenhausgarten hergibt, zumal sich Gruppenhaltung weitaus schwieriger gestaltet als Frederike jemals vermutet hat.

Und dann der Schock: Black Beauty bringt vier Wochen nach dem letzten Wurf einen weiteren Wurf zur Welt, und zwar Mitte Oktober! Candy muss seine Mutter direkt nach der letzten Geburt erneut geschwängert haben! *Die Arme*, denkt Frederike, *und wohin mit den älteren Kaninchenkindern?* Black Beauty braucht jetzt ihre ganze Kraft für den neuen Wurf. Vielleicht zu den Rammlern? Copper ist der Umgänglichste von allen … Frederike wagt das Experiment und hat Glück: Die Kleinen scheinen so etwas wie Nestschutz zu haben und Copper fühlt sich in seiner neuen Rolle als Nanny recht wohl. Wenn es ihm zu viel wird, springt er einfach hoch in seinen Stall, wohin ihm die Kleinen noch nicht folgen können. Sie finden Schutz unter seinem Stall, wo Frederike ihnen notdürftig aus Brettern eine wettersichere Unterkunft gebaut und mit viel Stroh eingerichtet hat.

Mit langem Arm greift Frederike tief in den Stall und holt das erste Baby des neuen Wurfs aus dem Nest. Es ist kalt draußen und nieselt leicht. Den Sammelkarton hat sie mit extra viel Wolle ausstaffiert, damit sich die Kleinen nicht erkälten. *Braun*, denkt Frederike und legt das erste Kaninchenbaby in den Karton. *Noch mal braun*, folgt das zweite. *Wieder braun* – Nummer drei. Eins nach dem anderen fördert Frederike zutage. Nummer sechs ist hell! Dann geht es weiter: braun, braun, braun ... Nach dem Zehnten ist der Karton ziemlich voll und das Nest leer – doch was ist das? Tief im Boden des Nestes fühlt Frederike noch eine Bewegung. Vorsichtig tastet sie mit den Fingern und fördert dann etwas Lebendiges zutage. Im Tageslicht sieht sie auf ihrer Hand ein kleines schrumpeliges Etwas, das viel kleiner ist als seine Geschwister. *Ach Gott*, denkt Frederike, *das scheint entwicklungsverzögert zu sein.*
Sie schaut nachdenklich auf ihre Hand. Die anderen im Karton sind auch von unterschiedlicher Größe, haben aber alle einen prallen Bauch, was auf gute Ernährung schließen lässt. Behutsam legt sie die zehn eins nach dem anderen wieder zurück ins Nest. Das Elfte scheint keine Milch bekommen zu haben, der Bauch ist flach und rippig. Frederike überkommt tiefes Mitgefühl. Sie umschließt es mit ihrer Hand und trägt es ins Haus. Dort legt sie das Kleine erst einmal in den warm ausgepolsterten Karton und stellt ihn auf die Heizung. Dann nimmt sie ihr Tablet und googelt nach *Handaufzucht von Kaninchen*. Dort findet sie viele Informationen, die sich zum Teil widersprechen, aber in einem sind sich alle einig: Es gibt im Handel keine Aufzuchtmilch für Kaninchen. Die einen schwören auf ver-

dünnte Katzenmilch, andere haben selbst Rezepte entwickelt. Zum Verabreichen werden *Liebesperlenflaschen* oder Spritzen empfohlen.

Frederike schaut zur Heizung. Das Kleine ist schon ganz schwach. Viel Zeit bleibt ihr nicht. Also entscheidet sie sich für ein Rezept, dessen Zutaten sie im Haus hat. Sie rührt aus Vollmilch, Sahne, Maiskeimöl und einem Ei eine Ersatzmilch zusammen, die sie auf eine Spritze zieht. Dann nimmt sie das Kleine in die linke Hand und versucht, ihm einen Tropfen ins Maul zu träufeln. Zuerst reagiert das Kleine nicht, doch plötzlich öffnet es das Maul und leckt mit der Zunge den Tropfen ab. Frederike drückt die nächste Portion heraus. Auch die wird gerne genommen. Quälend langsam geht die Fütterung Tropfen für Tropfen voran, denn zum aktiven Saugen ist das Kaninchenbaby viel zu schwach. Nach etwa zehn Tropfen mag es nicht mehr. Der Kopf kippt zur Seite, es scheint eingeschlafen zu sein. Behutsam wird es von Frederike zurück in den Karton auf der Heizung gelegt. Dann dreht sie ihre Schulter und massiert sich den Nacken. Sie schaut auf die Uhr: In vier Stunden ist die nächste Fütterung fällig.

Als Anna aus der Schule kommt, sieht sie direkt den Karton auf der Heizung stehen. »Mama, was ist das?«, fragt sie und schaut neugierig hinein.

»Ein Kaninchenbaby, das wir mit der Hand aufziehen müssen.«

»Es bewegt sich.«

»Was? Echt? Jetzt schon? Ich dachte, es ist erst in einer Stunde wieder dran. Komm, hilf mir mal.«

Anna trägt den Karton zum Küchentisch, während ihre Mutter etwas von der selbst angerührten Aufzuchtmilch aus dem Kühlschrank nimmt und in einen Topf auf den Herd stellt. Als die Milch handwarm ist, zieht sie sie auf die Spritze. Dann nimmt sie das Kleine aus dem Karton und wiederholt die Prozedur von vorhin. Anna schaut fasziniert zu. Diesmal schafft das Kleine schon 15 Tropfen. Frederike strahlt.

»Lass mich mal gucken«, bittet Anna.

Ihre Mutter öffnet die Hand, in die sich das Kleine hineingekuschelt hat und wieder eingeschlafen ist.

»Das sieht aber komisch aus«, meint Anna.

»Hm«, antwortet Frederike, »ich denke, es ist entwicklungsverzögert und muss einiges nachholen – wie eine Frühgeburt.«

»Wird es überleben?«

»Na, das hoffe ich doch!«

Am nächsten Morgen sitzt Frederike mit dunklen Augenringen am Frühstückstisch. Sie ist in der Nacht zweimal aufgestanden, um das Kaninchenbaby zu füttern.

»Lebt es noch?«, fragt Anna und beißt in ihr Brötchen.

»Ich will es auch mal sehen« mault Lukas, der das Ganze nur am Rande mitbekommen hat.

»Später. Jetzt schläft es.«

Frederike beschließt sich gleich, wenn Tobias und die Kinder aus dem Haus sind und das Kleine gefüttert ist, noch einmal hinzulegen. Sie räumt den Tisch ab und erwärmt die Milch. Dann schaut sie nach dem Kleinen. Es ist wach und viel lebhafter als gestern. Es rudert mit den Vorderbeinen, wovon eines seltsam absteht. Frederike nimmt es in die Hand und betrachtet es genauer. Der Bauch ist rund und das Fell voll entwickelt. Es fühlt sich warm an und bewegt sich. Aber das Rückgrat ist stark verkrümmt. Ein Vorderbein scheint verkehrt herum angesetzt zu sein und die Hinterbeine sind nicht richtig ausgebildet. *Eine Missgeburt*, schießt es Frederike durch den Kopf. Dann setzt sie sich hin und füttert es.

Mit jeder Mahlzeit wird das Kleine kräftiger und lebhafter. Inzwischen versucht es bereits, an der Spritze zu saugen. Aber auch seine Behinderungen treten immer deutlicher hervor. *Du wirst niemals sitzen, geschweige denn laufen können*, denkt Frederike, als sie mit dem Finger über den kleinen Körper streicht.

Abends ist sie fix und fertig. »Es will leben! Aber das wird es nicht können!«, sagt sie verzweifelt zu ihrem Mann.

Tobias macht ein ernstes Gesicht. »Es wäre besser gewesen, wenn es gleich nach der Geburt im Nest gestorben wäre.« Frederike schaut ihn entsetzt an: »Ich konnte es doch nicht einfach so da liegen lassen.«

»Ist ja schon gut.« Beschwichtigend legt er seine Hand auf ihr Knie. »Wer sich einmischt, muss auch Verantwortung übernehmen.«

»Wie meinst du denn das jetzt schon wieder?« Ihre Stimme klingt schrill.

»Am Besten gehst du morgen mit dem Kleinen zum Tierarzt, der wird dann schon die richtige Entscheidung treffen.«

Frederike nickt.

Gleich nachdem alle anderen Familienmitglieder das Haus verlassen haben, packt Frederike ihre Sachen. Das Kleine lässt sie in seinem Karton, legt aber noch ein Handtuch oben drüber, um es vor der Kälte draußen zu schützen. Den Karton sichert sie im Fußraum des Beifahrersitzes ab, damit er nicht umherrutscht oder gar umfällt.

Das Wartezimmer beim Tierarzt ist noch leer, deshalb kann sie gleich durchgehen.

»Was kann ich denn heute für Sie tun, Frau Bergmann?« Der Tierarzt gibt ihr die Hand.

Frederike reicht ihm den Karton: » Das ist von meinem letzten Wurf. Alle anderen sind gesund. Es ist vor vier Tagen auf die Welt gekommen.«

Der Veterinär holt behutsam das Kaninchenbaby hervor. Interessiert betrachtet er es von allen Seiten, streicht über den Rücken und die Hinterbeine. »Hm ...«, sagt er. Sonst nichts.

Frederike ist den Tränen nahe: »Es war fast tot, als ich es aus dem Nest geholt habe. Und jetzt wird es täglich kräftiger. Es will leben, aber ...« Umständlich schnäuzt sie in ihr Taschentuch.

»Verstehe. So wie ich es sehe, hat das arme Ding einen offenen Rücken, nicht ausgebildete Hinterläufe und die Vorderbeine sind auch missgebildet. Wie es innen aussieht, wissen wir nicht, aber ich denke, es hat keine Überlebenschance und wird wahrscheinlich in den nächsten Tagen sowieso sterben. Wir können es aber auch sofort erlösen, ich habe da keine Bedenken.«

»Hat es Schmerzen?«, fragt Frederike und beobachtet, wie das Kleine wieder unkoordiniert mit den verdrehten Armen rudert.

»Das weiß ich nicht«, antwortet der Tierarzt ruhig und sieht Frederike dabei an.

Frederike gibt sich einen Ruck: »Machen Sie es!«

Als sie im Auto sitzt, bricht sie in Tränen aus und weint hemmungslos. Es war schlimm für sie, diese Entscheidung über Leben und Tod zu treffen, obwohl sie sicher ist, das Richtige getan zu haben. Sie hatte versucht, das Kleine zu retten, solange es noch Hoffnung gab, wollte ihm ein schönes Leben ermöglichen. Aber was wäre das für ein Leben? Isoliert von den Geschwistern, ohne Mama ... beinah bewegungsunfähig hätte es nur daliegen können, bis es von selbst, wahrscheinlich unter Schmerzen, gestorben wäre. Sie denkt an die Kaninchenzüchter von der Ausstellung. – *Mein Gott, ist das lange her!* Die hätten sich nicht so viele Gedanken, sondern kurzen Prozess gemacht. *Vielleicht bin ich nicht hart genug zum Tiere züchten*, denkt sie und startet den Wagen.

KAPITEL 11

Endlich ist der Tag gekommen, an dem der farbenfrohe Wurf das Haus verlässt. In Coppers Abteil wurde es doch sehr eng in letzter Zeit. Frederike hat für alle acht ein tolles Zuhause gefunden. Jede Kundin hat bestätigt, dass sie genug Platz hat und die Tiere artgerecht gehalten werden. Eine Frau hat sogar zusammen mit ihrem Mann ein Gehege nach Tobias Anweisungen gebaut und die Fotos dazu im Internet veröffentlicht. Für den Hinweis mit der Schneelasttauglichkeit waren die beiden sehr dankbar, daran hätten sie im Leben nicht gedacht. Fast 500 Euro hat Frederike für die acht Kaninchen bekommen. Von dem Geld will Tobias das Material für das nächste *Supergehege* kaufen. Und weil das Wetter noch gut ist und der Zehnerwurf viel Platz braucht, beschließt er, das Gehege jetzt doch noch vor dem Winter zu bauen.

Frederike ist darüber sehr froh. Sie traut sich gar nicht, es ihrem Mann zu sagen, aber sie hat erst drei Tiere vermitteln können. Von der Warteliste, die mit dem bunten Wurf entstand, sind viele wieder abgesprungen, als sie erfuhren, dass es nur Wildfarbene gibt. Sie würden dann doch gerne bis zum Frühjahr warten, wenn es wieder neue *Bunte* gibt. Das Chinchilla-Mädchen will Frederike gerne für die Zucht behalten und insgesamt sind sieben von den zehn Kaninchen männlich. Sie inseriert regelmäßig bei Quoka.de und stellt immer wieder süße Videos und Fotos auf ihrer Website ein – aber es tut sich nichts, der Kaninchenmarkt ist tot. Daran änderte auch Weihnachten nichts. Das ist Frederikes letzte Hoffnung gewesen.

Aber Kaninchen unter dem Weihnachtsbaum – das gibt es nicht. Ein Pärchen und das letzte Weibchen werden abgeholt, alle anderen bleiben ...

Nach dem Absetzen bleibt das Chinchilla-Mädchen Silvana noch eine Zeit lang bei ihren Brüdern, aber nicht zu lange, dann kommt sie zu Black Beauty ins Gehege. Die Brüder bewohnen nun das neue Gehege, das Tobias an zwei Wochenenden fertiggebaut hat.

Nun hat Familie Bergmann elf große Kaninchen durch den Winter zu füttern! Sie bekommen nach wie vor Heu, Stroh und ihre Pellets mit Haferflocken gemischt, für einen schönen Fellwuchs. Doch die Wiese hinter dem Haus gibt schon lange nichts mehr her, also muss Frederike Frischfutter kaufen. Äpfel und Möhren gibt es in großen Säcken im *Raiffeisenmarkt*. Rosenkohl ist auch sehr beliebt, die Bande frisst gerne ein ganzes Netz pro Tag. Als ein Supermarktleiter bemerkt, dass Frederike Kaninchen hat, bietet er ihr Abfälle aus der Gemüseabteilung an. Frederike nimmt dankbar die aussortierten Kohlrabiblätter mit.

Die Futterbeschaffung ist zeitraubend und geht ganz schön ins Geld, trotz der Sparmaßnahmen. »Die Kaninchen fressen uns noch die Haare vom Kopf!«, stöhnt sie, als sie wieder bergeweise ihre Einkäufe ins Haus schleppt.

Und dann die Fellpflege! Jedes Kaninchen braucht pro Monat etwa eine Stunde Fellpflege. Das sind elf Extrastunden Arbeit, das anschließende Saubermachen nicht mitgerechnet. Zum Glück kann ihr dabei ihre Tochter gut helfen. Ohne Anna hätte Frederike gar nicht gewusst, wie sie das alles schaffen soll.

Eines Tages sieht Frederike schon vom Wohnzimmerfenster aus, dass etwas nicht stimmt: Die beiden Abteile von Bobby und Copper sind mit Fellstücken übersät! Schnell greift sie nach ihrer warmen Jacke und geht hinaus. Copper liegt völlig erschöpft am Boden, Bobby scheint es auch nicht viel besser zu gehen. Unter dem Trennzaun geht ein Tunnel durch. *Aha, die beiden Streithähne konnten es nicht lassen.* Sie hassen sich inzwischen bis aufs Blut.

Sie sammelt die beiden problemlos ein und trägt sie ins Haus. Sie sperrt Bobby in eine Transportbox und sieht sich erst einmal Copper an. Über den ganzen Rücken ziehen sich Bissspuren, die aber oberflächlicher Natur sind. An einigen Stellen fehlen nur Haare, an anderen sieht sie verkrustetes Blut. Das Auge sieht schlimmer aus: der Augenwinkel ist eingerissen und klafft herunter. Ein Fall für den Tierarzt. Bobby hat wesentlich weniger abgekriegt, dabei ist er kleiner und kastriert. Frederike schüttelt den Kopf.

Der Tierarzt näht den Augenwinkel mit zwei Stichen und gibt Copper eine Spritze.

»Und wie läuft es sonst so mit der Kaninchenzucht? Sind alle anderen gesund?«, erkundigt er sich.

»Ja, alles bestens«, antwortet Frederike und klagt ihm dann ihr Leid: Dass sie auf dem letzten Wurf sitzen geblieben ist, ihr die Tiere die Haare vom Kopf fressen und sie auch im nächsten Frühjahr wenig Vermittlungschancen sieht, denn die Tiere sind nicht nur männlich und wildfarben, sondern dann auch ausgewachsen … und die Leute wollen nun mal junge Kaninchen –

als wenn die nicht auch bald groß wären ...»Wie machen das denn die anderen Züchter?«

Der Tierarzt lacht über so viel Naivität:»Na, die schlachten die Übriggebliebenen und freuen sich über einen leckeren Sonntagsbraten!«

Frederike schaut ihn entrüstet an:»Das kommt bei uns nicht infrage! Weder mein Mann noch ich wären in der Lage, so etwas zu tun!« Sie schüttelt sich regelrecht bei dem Gedanken.

»Das müssen Sie ja nicht unbedingt selbst machen, sie können sie ja beim Schlachter abgeben und gegen kleines Entgelt küchenfertig zubereitet wieder abholen.«

»Auch das könnte ich nicht: gesunde lebensfrohe Tiere schlachten lassen – wir essen gar kein Fleisch.«

»Hm«, der Tierarzt macht ein nachdenkliches Gesicht,»wenn sie die alle behalten wollen, dann sollten sie sie aber möglichst bald kastrieren lassen.« Er klärt Frederike darüber auf, dass sie dann gute Chancen hat, die Geschwistermännchen in der Gruppe zu halten.

»Da werde ich drüber nachdenken«, sagt Frederike und macht sich auf den Heimweg.

»Sechsmal fünfzig Euro macht dreihundert«, sagt Frederike und schaut Tobias dabei an.

Tobias kocht.»Deine Kaninchen sind ein Fass ohne Boden! Schon wieder dreihundert Euro!«

»Ich habe hart mit dem Tierarzt verhandelt, der wollte erst siebzig Euro pro Tier nehmen. Ich habe mir dann woanders Angebote eingeholt. Da war einer, der hätte es für 50 Euro getan. Als ich das meinem Tierarzt erzählte, willigte er in den Mengenrabatt ein. – Oder soll ich sie etwa schlachten lassen?« Frederike verschränkt die Arme vor der Brust.

»Nein, natürlich nicht.« Tobias sackt ein wenig in sich zusammen. »Aber es werden keine Neuen gezüchtet, solange dieser Wurf nicht abgegeben ist! Und wenn du doch eins verkaufen kannst, sieh zu, dass du die Tierarztkosten wieder reinkriegst.«

»Ja«, erwidert Frederike kleinlaut und ist froh, dass das Thema durch ist.

Wenigstens finden sich immer wieder Abnehmer für die Wolle und zahlen 20 Euro pro 100 Gramm. Da darf man seinen Stundenlohn zwar nicht ausrechnen, aber wenigstens bekommt man die Haltungskosten einigermaßen gedeckt – zumindest im Sommer.

***

Heute ist der große Tag. Nach einigem Hin und Her fand sich ein Termin, an dem der Tierarzt einen ganzen Vormittag Zeit hatte, um sich ganz der Kastration von sechs männlichen Kaninchen zu widmen. Frederike steht extra früh auf, denn sie muss die Tiere ja erst mal alle einfangen. Tobias hilft ihr dabei. Nach etwa 30 Minuten haben sie es geschafft und verteilen die Meute auf zwei Transportboxen und einen Umzugskarton. Als sie die Kisten im Kofferraum des Kombis verstaut haben, ist Frederike bereits fix und fertig. Die erste Transportbox nimmt sie gleich mit, als sie in die Praxis geht, um sich bei der Rezeption zu melden. Der Praktikant ist so nett und hilft ihr beim Tragen der beiden anderen Kisten. Nun ist es Zeit Abschied zu nehmen. Die Praxis will sich nach erfolgter OP gegen Mittag melden und Bescheid geben, wann die Rasselbande wieder abgeholt werden kann.

Frederike nutzt die Rückfahrt noch für Einkäufe und fährt dann heim, um die anderen Kaninchen zu füttern. Außerdem will sie die Abwesenheit der jungen Hasen nutzen, um deren Gehege gründlich zu säubern. Das geht natürlich viel besser, wenn man nicht ständig auf der Hut sein muss, die Tür geschlossen zu halten, damit die Tiere nicht ausbüxen.
Nach getaner Arbeit ist die große Biomülltonne bis oben hin voll und Frederike sehr zufrieden mit ihrem Werk. Alles ist sauber und das frische Stroh sieht sehr einladend aus. Hier können sich die jungen Kastraten von ihrer OP erholen. Dann schaut sie noch einmal bei dem anderen Gehege vorbei. Hier ist so weit alles in Ordnung, nur Copper gefällt ihr überhaupt nicht. Er hat seine Apfelstücke und Möhren gar nicht angerührt, nur auf die Hafer-flocken hat er sich gestürzt. Er wirkt hungrig, frisst aber nicht richtig. Sein Fell ist stumpf und als Frederike ihn hochhebt, fühlt sie deutlich seine Wirbelsäule. *Ist der aber dünn geworden*, denkt sie und beschließt, ihn nachher gleich mit zum Tierarzt zu nehmen, wenn sie die anderen abholt.

Gegen Mittag meldet sich die Praxis. Der Tierarzt ist selbst am Telefon und teilt ihr mit, dass so weit alles gut verlaufen sei und sie die Kaninchen ab drei Uhr abholen kann. Allerdings wären es nur noch fünf, eins sei nicht aus der Narkose erwacht. »Es tut mir leid, so etwas ist mir noch nie vorgekommen. Ich habe mein Möglichstes getan, ich hoffe Sie glauben mir das, weil wir ja vorher so hart verhandelt haben.«

Frederike schluckt. Dann antwortet sie spontan: »Selbstverständlich glaube ich das. Ich weiß ja, wie instabil Kaninchen vom Kreislauf her sind.« Sie sagt zu, die Kaninchen im Laufe des Nachmittags abzuholen und meldet auch gleich noch Copper für eine Untersuchung an.

Nachmittags bringt sie Anna zum Ballett und fährt dann weiter zur Praxis. Die fünf Überlebenden sehen noch ein wenig benommen aus, sitzen aber alle aufrecht. Der Tierarzt zeigt ihr den Toten.

Ach Gott, DER ist es, schießt es Frederike durch den Kopf. Die jungen Kaninchen sehen auf den ersten Blick alle gleich aus und haben noch gar keine richtigen Namen, aber mit der Zeit haben sie spezielle Bezeichnungen gefunden, um sie zu unterscheiden: Es gibt den *Großen*, den *Kleinen*, den *Wolligen*, den *Hellen* und den *Frechen*. Der *Dunkle* hat es nicht geschafft. Er bleibt hier und wird von der Praxis entsorgt. Frederike ist froh, nicht wieder ein Grab ausheben und eine Beerdigung veranstalten zu müssen.

»Den fünfen geht es so weit gut, nur der Kreislauf ist noch nicht stabil. Am besten lassen sie sie heute und eventuell noch morgen im Haus, um einer Unterkühlung vorzubeugen«, ordnet der Veterinär an. Dann untersucht er Copper. »Der ist aber dünn geworden, frisst er überhaupt noch?«

»Nur Haferflocken«, antwortet Frederike.

Der Tierarzt tastet das Kaninchen ab, hört das Herz ab und schaut in die Ohren. Dann sieht er sich die Zähne an. »Da haben wir die Lösung: eine Zahnfehlstellung.«

»Kann gar nicht sein«, antwortet Frederike, »der Hase ist zwei Jahre alt und die Zähne waren bisher immer in Ordnung.«

»Schauen sie mal«, der Tierarzt dreht sich etwas zur Seite, damit Frederike besser sehen kann, und öffnet mit einem geschickten Handgriff das Maul.

»Huch« erschreckt sich Frederike. Die oberen und unteren Schneidezähne sind so lang, dass Copper das Maul gar nicht mehr weit genug öffnen kann, um zu fressen. Nur die Haferflocken kann er noch seitlich mit der Zunge auflecken.

»Die müssen wir erst mal kürzen«, sagt der Tierarzt und nimmt sich eine Zange. Die Helferin hält Copper fest und *knack, knack* sind die Zähne gekürzt. »Das müssen wir jetzt etwa alle drei Wochen machen. So kann Copper wieder fressen, nur leider nicht abbeißen. Darum muss er alles klein geschnitten bekommen: Äpfel, Möhren, Gras, Heu – was er so mag. Nicht zu viele Haferflocken!«

»Okay, aber woher kommt das?«, fragt Frederike.

»Vielleicht ist bei dem Kampf mit Bobby neulich doch mehr passiert, als wir erst dachten. Er war ja auch am Auge verletzt. Er könnte unglücklich gefallen sein oder durch einen Biss den Kiefer so verletzt haben, dass die Zähne sich verschoben haben. Auf jeden Fall nutzen sie sich nicht mehr von selbst ab.«

»Und da kann man nichts machen?«

»Nein, ich kann ihm ja schlecht eine Zahnspange anpassen«, lächelt der Tierarzt.

Auf dem Heimweg ist Frederike so sehr in Gedanken vertieft, dass sie fast vergisst, Anna vom Ballett abzuholen. Dann fährt sie gleich am Kindergarten vorbei und nimmt auch Lukas schon mit, damit sie in einer Stunde nicht wieder los muss. Das tote Kaninchen erwähnt sie lieber nicht, die Kinder haben ohnehin den Überblick verloren.

»Die kastrierten Kaninchen dürfen heute noch nicht ins Gehege, sondern sollen im Haus übernachten, hat der Tierarzt gesagt. Wie machen wir denn das?«, fragt Frederike die Kinder.

»Oh toll«, ruft Lukas, die dürfen alle in meinem Zimmer schlafen«

»Und den ganzen Teppichboden vollpinkeln? Kommt gar nicht infrage« erwidert seine Mutter streng. »Am besten bleiben sie in der Küche, da sind Fliesen.«

Zu Hause angekommen, tragen sie erst einmal Copper nach draußen. Frederike erzählt den Kindern von der Zahnfehlstellung und was es jetzt zu beachten gilt. Anna erklärt sich direkt bereit, dem armen Kaninchen eine wunderbare Mahlzeit zu schnippeln. Dann tragen sie die fünf Kastraten in die Küche: Anna und Frederike nehmen jeweils zwei, Lukas das Einzelne. Sie legen einen Teil des Küchenbodens mit Zeitungspapier aus und stellen darauf die beiden Kartons, aber so, dass die Öffnungen seitlich sind und sie als Rückzugsort genutzt werden können. Dann holen sie etwas Heu und Stroh aus dem Lager und stellen Näpfe für Wasser und Futter auf. Die Kaninchen pressen sich verängstigt an die Rückwände der Kartons. Anna hat inzwischen einen Salat aus Apfel, Möhre und einem Stück Kohlblatt geschnitten und trägt ihn hinaus zu Copper.

Mit der Zeit beruhigen sich die Kaninchen und heben schnuppernd ihre Näschen. Der Freche wagt sich als Erster hinaus und inspiziert die Näpfe.

Er trinkt gerade einen Schluck Wasser, als die Küchentür aufgerissen wird und Anna hereinstürmt: »Ich brauche Nachschub! Copper war so gierig, er hat schon alles aufgefressen!«

Mit einem Satz ist der Freche wieder im Karton verschwunden.

»Leise« mahnt Frederike, aber es ist schon zu spät.

Sie beschließen, die Tiere sich erst einmal sich selbst zu überlassen und gehen raus aus der Küche. Sorgfältig verschließt Frederike die Tür.

Das Abendessen verläuft heute ganz anders als sonst. Frederike und die Kinder haben einen Riesenspaß bei der Zubereitung. Frederike schnippelt Salat und wirft den Kaninchen hin und wieder ein Stück Möhre oder ein Salatblatt auf den Boden. Die fünf rennen dann um die Wette, um das Stück zu ergattern. Anna und Lukas decken den Tisch.

»Achtung, ich komme!«, ruft Lukas und balanciert vier Teller quer durch den Raum.

Als ihm dabei der Helle in die Quere kommt und er ausweichen muss, quietscht er vor Vergnügen und lacht laut los. Frederike und Anna stimmen in das Gelächter mit ein. Durch das Herumgerenne verteilte sich das Stroh in der ganzen Küche.

Das Chaos ist perfekt, als Tobias plötzlich in der Küche steht. »Was ist denn hier los?«, ruft er und sieht sich ratlos um. »Seid ihr nun von allen guten Geistern verlassen?«

»Komm, setzt dich erst mal«, antwortet seine Frau und erklärt ihm, dass der Zustand nur vorübergehend sei. »Morgen bringe ich die Kaninchen raus und bringe alles wieder in Ordnung.«

»Och, morgen schon?«, fragt Lukas.

Anna meint: »Uns gefällt es so!«

Beim Zubettgehen setzt sich Tobias auf die Bettkante. Nach einer Minute Stille sagt er zur anderen Seite des Bettes gewandt: »Als wir uns vor zwei Jahren für Kaninchen entschieden haben, hatte ich mir das ganz anders vorgestellt. Die Viecher machen viel mehr Arbeit und kosten viel mehr Geld, als ich jemals geahnt hätte. Irgendwie kreist unser ganzes Leben nur noch um die Kaninchen. Wenn ich noch einmal die Wahl hätte, würde ich mich heute lieber für einen Hund entscheiden.

Frederike schaut ihn an und denkt kurz nach. Dann lächelt sie. »Ich nicht.« Sie kuschelt sich in ihre Decke und schläft zufrieden ein.